소셜벤처창업

소셜벤처창업

초판1쇄 인쇄 2021년 9월 24일
초판1쇄 발행 2021년 9월 30일

지 은 이 김창완 · 서용운 · 박영자
펴 낸 이 신일희
펴 낸 곳 계명대학교출판부
출판등록: 제347-1998-1호(1970. 9. 1.)
주소: 대구광역시 달서구 달구벌대로 1095
대표전화: 053-580-6233 팩스: 053-580-6235
홈페이지: www.kmupress.com

ISBN 979-11-6516-089-0 (93320) 값 16,000원

소셜벤처창업

SOCIAL VENTURE START-UP

김창완 · 서용운 · 박영자

빛을여는책방

머리말

소셜벤처는 영리를 추구하지만 다른 한편으로는 사회적 경제를 기반으로 한 기업의 형태이다. 사회적 경제는 시장 및 공공경제가 해결하지 못하는 문제에 대하여 일반 시민영역에서 민주적 의사결정체계를 기반으로 사회적, 경제적 목표를 동시에 추구하며 공동체의 보편적 이익을 추구한다는 측면에서 의미를 찾을 수 있다.

우리나라 사회적기업의 역사는 산업화가 본격화된 '70년대부터 시작되었다. 당시 사회적기업은 소규모 공동체로서 단위사업장 혹은 연고지역에서 한정된 영향을 미쳐오며 자립적 경제활동이 활성화되지 못한 측면이 있었다. 또한, IMF 이후 정부에 의하여 도입된 사회적 경제 범주에 있는 기업들은 정부 정책의 기본방향이 저소득층에 대한 고용 창출에 있었기에 사회적 경제발전에 대한 다양한 의견을 수렴하지 못하는 한계를 가지고 있었다. 그러나 2000년대 초반부터 시장과 정부, 사회구성원들은 사회적 경제에 대한 중요성을 새롭게 인식하기 시작하였으며, 이것은 사회적 경제의 발전적 생태계를 만들어가는 계기가 되었다.

최근 들어 사회문제뿐 아니라 자신이 거주하는 지역 공동체의 문제해결을 위하여 자발적 참여(Living lab)와 의사결정 체계(Governance) 수립을 통하여 공동체 활성화를 추진하고 있다. 또한, 문제해결에 도움을 줄 수 있는 기술(공공기술, 4차산업혁명 기술)의 적극적 수용, 공공데이터 및 각종 정보 활용의 용이성은 사회적 경제 활성화에 촉진제가 되고 있다. 이러한 사회적 경제발전을 위한 창업 생태계의 안정적 확산은 사회적 가치실현을 통한 선한 영향력(Social impact)의 확산과 벤처기업의 특징인 혁신성과 지속 가능 모델을 함께 갖추고 있는 소셜벤처가 탄생할 수 있는 계기가 되었다.

본 도서는 소셜벤처에 대한 이해를 돕고, 창업 과정은 물론 다양한 성공사례와 관련 법령을 소개하고자 만들어진 책이다. 책은 그 내용을 네 개 영역으로 구분하여 담고 있다. 첫 번째 영역은 사회적 경제와 소셜벤처의 발생 및 성장배경을 설명하고 창업기업이 해결하고자 하는 사회적 이슈와 창업기회에 대한 설명을 통하여 소셜벤처에 대한 이해를 돕고자 하였다. 두 번째 영역은 소셜벤처 창업 과정에 대한 설명으로 아이디어 및 컨셉 도출에 필수적인 디자인적 사고, 기술 및 데이터의 활용, 소셜벤처 운영 등의 내용을 담고 있다.

세 번째 영역은 정부가 갖는 소셜벤처 성장을 지원방안에 대한 설명, 대기업의 소셜벤처 지원 등에 대한 소개를 담고 있다. 또한, 사회적기업 및 소셜벤처에 대한 우리나라와 외국의 성공사례를 들어 독자의 이해를 돕고자 하였다. 특히, 4차산업혁명 관련 첨단기술과 공공데이터를 활용한 소셜벤처 창업사례와 사회적 농업 등 다양한 사업 내용 발굴을 통하여 사업형태 동형화의 한계를 극복하고자 노력하는 사회적기업의 의지를 통하여 현재 창업 패러다임에 대한 이해를 돕고자 하였다. 네 번째인 부록에서는 소셜벤처 및 사회적기업과 관련된 법령과 지침 등을 요약 정리하였다. 본 도서가 소셜벤처를 시작하고자 하는 창업가에게 도움이 되기를 희망한다.

2021년 9월 저자 씀

차 례

Chapter

I

소셜벤처의 이해

SOCIAL
VENTURE
START-UP

I. 소셜벤처의 이해

제 1 장

사회적 경제와 소셜벤처

1-1. 사회적 경제 그리고 소셜벤처

세계 경제는 2019년 이전 저성장 기조인 가운데 COVID-19 이후 대부분 국가가 마이너스 성장을 기록하며 경제발전에 어두운 그림자를 비추고 있다. 지구촌 사람들은 소득불균형에 따른 빈곤 확산, 소외계층에 대한 무관심, 갖지 못한 자에 대한 노동 착취 등으로 삶의 질은 날로 저하되고 있다. 그런 상황 속에서 안타깝게도 지구는 온난화와 무분별한 환경파괴, 각종 분쟁과 국지전 등으로 몸살을 앓고 있다.

우리나라의 경우 2017년도 세계경제협력 개발기구(OECD) 행복지수 보고서에 의하면 36개국 중 사회 안전성, 건강, 환경 지속가능성, 빈곤율, 소수자에 대한 관대성 및 부의 편중 등의 지표에서 최하위를 기록하며 물질적 · 사회적 격차를 반영한 행복 수준은 30위를 기록하고 있어 국가 경제성장 지표와는 달리 다양한 사회적 문제가 사회적으로 내재되어 있음을 알 수 있다.

세계의 여러 국가는 물론 우리 정부도 앞서 언급한 사회적 문제해결을 통하여 국민 삶의 질 향상에 노력하고 있지만, 사회문제 발생에 가장 큰 원인을 제공하는 시장경제와 공공경제 운영의 한계로부터 발생되는 문제에 대한 현실적 해결방안을 제시하기는 여전히 쉽지 않은 것이 현실이다.

시장경제의 문제를 해결하고 사회, 경제, 환경, 문화 등 모든 영역에서 사회적 가치인 공공의 이익과 공동체의 발전에 기여하는 민간차원의 사회적 경제활동은 서구 국가들의 경우 산업혁명이 시작된 이후 19세기 초반부터 시작되었으나 우리나라는 산업화가 본격화되기 시작한 1970년 대부터가 사회적 경제활동의 새싹이 싹트는 시기라 할 수 있다.

사회적 경제 관점에서 오랜 전통과 자체 경쟁력을 가진 서구 사회적 경제 주체들과는 달리, 우리나라는 사회적 경제를 저소득층에 대한 고용 창출을 위한 경제 지원 중심의 국가 주도형 사회적기업 형태가 오랜 기간 유지되어왔다. 이러한 한정된 구조로 인해 사회적 경제 주체인 사회적기업은 자생력을 창출하기 힘든 한계상황 속에서 자기주도적인 지속 성장을 이끌지 못하는 원인이 되었다. 사회적 경제란 시장경제의 문제를 해결하고 사회적 가치를 실현하는 데 큰 의미가 있으며, 공공(국가) 및 시장경제의 한계를 극복하는 대안적 역할을 하는 점에서 큰 의의를 찾을 수 있으나, 우리나라 상황을 비춰볼 때 그 임무를 수행하지 못했다고 판단하는 시각이 있는 것이다.

그러나 그 상황에서도 우리나라의 사회구성원의 사회적 경제에 대한 인식은 발전적으로 변화되었다. 지역 문제해결을 위한 주민의 자발적 참여(Living lab)와 지자체 의사결정 체계(Governance)에 적극적 참여를 통한 활성화, 문제해결 방안을 도출할 수 있는 기술(공공기술, 적정기술 및 4차산업혁명 기술) 및 공공데이터 등 정보 활용의 일반화는 사회적 경제 활성화의 촉진역할을 하고 있다. 더불어, 벤처기업의 주요 특징인 창의성을 접목하여 사회적 가치를 실현하는 비즈니스 모델로서 경제적 지속가능성은 물론, 사회혁신을 주도하며 사회적 영향력(Social impact)을 이끄는 새로운 사업 형태인 소셜벤처(Social venture)는 시장, 공공경제 그리고 사회적 경제가 해결하지 못하는 사회혁신의 새로운 섹터(제4 섹터)의 중요한 요소로 자리 잡았다. 성지미, 황준욱, 안주엽(2014)의 연구에서는 소셜벤처를 사회적기업과 벤처의 특성을 가진 조직으로 파악하여 '사회문제를 혁신적이고 지속가능한 모델을 활용하여 해결하는 기업'이라고 정의하고 있다.

1) 사회적 경제란?

사회적 경제는 이윤 창출보다 구성원이나 공공에 대한 공헌을 목적으로 하며, 경영의 자율성, 민주적 의사결정, 수익분배에 있어서 자본보다는 사람과 노동을 중시하는 원칙을 따르는 협동조합, 상호공제조합, 그리고 민간단체에 의해 수행되는 경제활동으로 정의된다(Defourny, 2013). 또한, 국제사회적 경제협의체(GSEF, 2013)는 사회적 가치의 실현이라는 목적을 달성하기 위해 다양한 주체들의 생산과 소비가 함께 이루어지는 경제 시스템을 사회적 경제라고 정의한다. 한국사회적기업진흥원의 경우 사회적 경제는 자율, 민주, 연대, 협력 등의 활동 목표를 가지고, 자발적 참여와 1인 1표 행사 등 민주적 의사결정을 통한 자율

경영을 원칙으로 한다. 또한, 구성원 간 이익 공유, 취약계층 일자리 창출, 지역사회 기여 등의 사회적 가치를 먼저 추구하는 기업이라고 정의하고 있다.

한편, 사회적 경제는 정부 또는 시장이 해결하지 못하는 경제 사각지대에 위치하는 취약계층이 사회적 가치실현을 위하여 공동체를 구성하여 상호 협력하는 모델로서, 시장조직과 경쟁하는 동시에 사회문제해결에 있어 시장과 정부의 실패를 보완하는 제3의 영역으로 기능하고 있다. 제3영역으로서 사회적 경제는 제1영역인 정부, 제2영역인 시장의 한계를 극복하고 사회문제해결을 위하여 탄생했지만, 우리나라의 경우 정부 주도의 영향으로 인한 사회적 경제 조직들의 동형화 및 구성원의 고령화 문제를 극복하지 못하는 한계가 있기도 하다.

이러한 문제에 대한 대안으로 제시되는 것은 가치기반의 사회성, 기술기반의 혁신성 그리고 생태계 기반의 지속가능성을 기반으로 사회혁신을 추구하는 제4 섹터의 핵심적 주체 유형인 소셜벤처가 등장하는 배경이 되기도 하였다. 또한, 사회적 경제는 시장조직과 경쟁을 통하여 영리활동을 추구함으로써 비영리조직인 사회활동 조직과 분명히 구분되는 특징이 있다.

2) 사회적 경제의 역사

사회적 경제는 산업혁명이 본격화된 서유럽에서 시작되었다. 산업혁명으로 인해 공장에는 노동력에 대한 수요가 급증하였고 노동자들은 도시로 유입되었으나, 이에 따른 주택, 환경, 보건, 교육 등에 대한 준비는 되어 있지 않았다. 이때, 생산수단의 소유자였던 소위 부르주아들은 자본의 재생산을 통한 이윤 극대화 이외는 관심이 없었던 것이 노동자 중심의 사회적 경제를 만들어가는 계기가 되었다.

앞서 말한 상황은 노동자들에게 사람의 기본적인 욕구인 임금, 교육, 보건 등의 조건들이 제대로 충족되지 않는 사회적 문제를 해결하기 위해 스스로 협동조합이나 상호공제조합과 같은 조직을 만들기 시작하는 계기가 되었다. 노동계급의 이러한 노력은 1901년 프랑스에서 협동조합 및 상호협동조합과 같은 조직 유형을 법적으로 인정받을 수 있게 하였으며 이는 전 유럽으로 확산하는 계기가 되었다. 1970년대 들어 유럽의 복지 국가들이 경기침체와 실업 문제를 겪게 되면서, 시장경제와 공공경제가 해결하지 못했던 사회서비스와 일자리 창출을 담당하기 위한 대안으로 사회적 경제가 다시 대두되었다.

하이에크 경제학자들로부터 출발한 자유주의 경제 운영방식인 신자유주의(Neoliberalism) 경제정책이 대세를 이루기 시작하는 1980년대 들어서 시민운동이 더욱 활발해짐에 따라 세계 각국에서 사회적 경제가 활성화되기 시작하였으며, 2000년대 들어서면서 세계적 금융위기에 따른 금융자본주의의 한계가 지적되면서 다시금 사회적 경제가 주목을 받게 되었고, 결과적으로 EU에서 '사회적 경제에 관한 결의'를 채택함으로써 전 세계적인 위기를 타개하는 새로운 경제, 사회적 모델로 사회적 경제를 공식화하였다(김진수 외, 2017).

한편, 우리나라는 산업화가 본격화되기 시작한 1970년대 전 · 후부터 자생적 사회경제공동체가 발생하고 지역사회 발전에 기여해 왔으나 IMF 외환위기에 들어서 국가적 차원에서 사회적 경제의 필요성에 대한 인식이 크게 대두되었다. 우리나라는 그 시기에 신자유주의가 깊숙이 뿌리를 내리게 되는데, 신자유주의는 작은 정부, 노동시장의 유연화,

자유주의 시장경제 중시, 규제 완화, FTA 중시 등으로 대표 된다. 즉, 삶의 모든 영역에 시장적 가치를 강조하는 신자유주의 질서가 확대되면서 우리나라는 빈곤과 실업 문제가 더욱 심화되었으며, 이로 인해 사회적 경제의 역할이 필요하게 되었다(새로운 사회를 여는 연구원, 2009). 그리고 사회적 경제활동 영역에서조차 해결하지 못하는 경제적 지속가능성 모델 구축의 한계를 극복하고자 소셜벤처의 필요성이 제기되었다.

우리나라는 사회적 경제 공동체 활성화에 대한 제도적 틀을 만들기 위하여 사회적 경제에 관련된 법규들이 제정되었는데, 2007년 '사회적기업법'을 시작으로, 2012년에 제정된 '사회적기업 육성법'에는 사회적기업의 법적 정의(제2조)와 공인인증(인증서발급) 및 추구 가치에 대하여 명시하였다.

사회적기업뿐만 아니라 벤처기업에서도 사회적 가치를 반영하도록 하였는데, 2020년 12월 개정된 벤처기업육성에 관한 특별조치법에 따라 벤처기업의 정의 및 공인인증과 사회적 경제성 추구 가치에 대하여 명시하고 있다.

또한, 정부를 통해 사회적 경제 공동체의 유형을 법률제정을 통해 정형화하려는 시도가 지속되고 있다. 2010년 마을기업 육성사업을 시작하고, 2020년 마을기업 육성지원법 제정을 위한 논의가 시작되었고 2011년 '협동조합 기본법'등을 재정하고, 2020년 10월 개정되었다.

다만, 사회적 가치를 창출하고 실현하는 사회적 경제공동체의 역할과 일반적인 영리 벤처기업들의 혁신성 추구와 지속가능성이 결합된 모델이 필요하게 되면서 등장한 소셜벤처(Social Venture) 활성화에 관한 법률은 아직 제정되지 못하고 있다. 하지만 소셜벤처에 대한 제도적 지원이 없는 것은 아닌데, 중소벤처기업부에서 2018년 발표한 '소셜벤처 활성화 방안' 중 하나로 2019년 6월 '소셜벤처의 판별기준과 가치평가 모형'을 개발하여 정부, 지자체, 대기업, 임팩트투자사, 액셀러레이터 등 소셜벤처 지원기관이 활용할 수 있도록 지원하고 있다(그림 1-1).

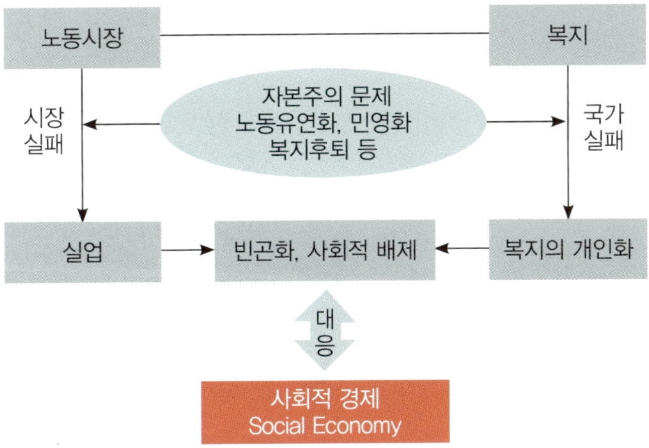

* 출처: 장원봉(2006)

그림 1-1. 사회적 경제의 발생배경

3) 사회적 경제 공동체

우리나라는 사회적 경제를 구성하는 공동체의 유형으로 협동조합, 마을기업, 자활기업, 사회적기업 등을 정의하고 있으며, 이들은 주로 정부 주도로 운영되고 있다. 네 가지 사회적기업의 개념과 특징을 살펴보면 아래 그림 1-2와 같다.

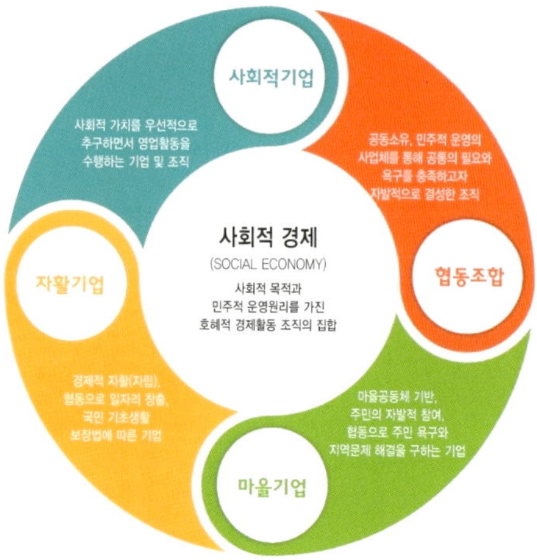

* 출처: 사회적 경제진흥원(2017)

그림 1-2. 사회적 경제 활동 주체

- 협동조합: 공동소유, 민주적 운영의 사업체를 통해 공동의 필요와 욕구를 충족하고자 자발적으로 결성한 조직
- 마을기업: 마을공동체가 기반임, 주민의 자발적 참여, 협동을 기반으로 주민 욕구와 지역 문제해결을 추구하는 기업
- 자활기업: 경제적 자활(자립), 협동으로 일자리 창출, 국민기초생활 보장법에 따른 기업
- 사회적기업: 사회적 가치를 우신으로 추구하면서 영업활동을 수행하는 기업 및 조직

사회적 경제가 갖는 공통점을 살펴보면, 첫째, 정부나 시장이 아닌 민간영역에서 자주적, 자립적으로 참여한다. 둘째, 민주적 의사결정 구조가 있다. 셋째, 공동체의 보편적인 이익을 실현하고자 한다. 넷째, 경

제에 참여하는 주체들의 협동, 연대 그리고 신뢰가 필수적이다. 다섯째, 경제적 목표와 사회적 목표를 동시에 추구한다는 점이다(새로운 사회를 여는 연구원, 2013).

앞서 말한 사회적 경제 기본 이념을 기반으로 하는 사회적기업의 형태는 마을기업, 자활기업, 협동조합, 사회적기업 등을 사회적 경제 공동체의 유형이라 할 수 있다. 사회적기업들은 이익 창출을 목적으로 경쟁을 통하여 효율성을 추구하는 영리 기업들과 공공(국가 및 지자체)경제 즉, 정부와 공공기관들이 주체가 되는 경제활동 영역에 나타나는 문제점과 시장의 실패 부분을 보완하거나, 또는 대안적 가치의 실현에 중점을 두는 점에서 두 조직과 차이가 있다. 그래서 사회적 경제는 앞서 말한 공공경제: 제1 섹터, 또는 시장경제: 제2 섹터 등 두 영역이 해결하지 못한 자본주의의 한계에 대응하기 위하여 출현하였으며, 따라서 사회적 경제는 두 경제영역과는 다른 제3의 경제, 즉 제3 섹터 영역이라 말한다(김진수 외, 2017).

그리고 사회적 경제를 기반으로 하는 사회적기업 운영 주체들의 고령화와 동형화(Isomorphism)에 대한 우려를 해소하고 비 혁신성과 비지속성을 해결하며 가치기반의 사회성, 기술기반의 혁신성, 그리고 생태계 기반의 지속가능성을 기반으로 사회혁신을 이끄는 새로운 영역을 제4 섹터라 하고 그 영역에 핵심적 주체 유형으로 '소셜벤처'가 언급되고 있다(경기연구원, 2018)

4) 사회적 경제의 활동 범위

사회적 경제의 활동 주체들의 활동 범위는 시장 및 공공(국가 및 지자체)경제가 해결하지 못하는 사회적 문제(Social problem)에 대한 대안적 역할을 담당하는 경제 주체로서 마을기업, 협동조합, 자활기업, 사회적기업 등의 각각의 공동체들은 사회적 문제를 해결함으로써 사회적 가치(Social value)를 창출해 나가고 있다.

사회적 경제영역의 공동체가 담당하는 사회적 가치 창출 영역은 미국 아소카 재단에서 제시한 펠로우(Ashoka Fellow) 활동 분야, '지속가능 발전목표 (SDGs)'를 발표한 UN, 그리고 대한민국 정부의 공공정책 핵심지표 내용은 표현상의 차이가 있을 수 있으나 공동체의 이익 실현과 공공성 강화라는 의미로 사회적 가치를 정의한 데에 큰 이견이 없는 것으로 판단된다.

표 1-1. 사회적기업의 활동영역에 대한 정의

기관	활동영역
Ashoka Fellows 활동영역	환경, 언론, 인권, 주거, 양성평등, 디지털/기술, 농업/기술, 경제개발, 위생, 고용/시민사회
UN 지속가능 발전목표 (2015)	빈곤퇴치, 기아해소, 보건증진, 양질의 교육, 양성평등, 깨끗한 물과 위생, 에너지 보급, 양질의 일자리와 경제발전, 인프라 구축과 혁신 장려, 불평등 해소, 에너지 보급, 책임 있는 소비, 기후변화 대응, 해양자원 보존, 육상 생태계 보호, 평화와 정의, 지속 가능한 지구의 발전(SDG)를 위한 국제적 파트너십 강화
대한민국 정부 관계부처 합동 (2018)	인권보호, 안전한 근로 · 생활, 환경유지, 건강한 생활이 가능한 보건복지의 제공, 노동권 보장, 사회적 약자에 대한 기회제공, 대기업 · 중소기업 간의 상생, 양질의 일자리 창출, 지역사회 활성화 및 공동체의 복원, 지역경제 활성화, 기업의 사회적 책임 이행, 환경의 지속가능성 보전, 민주적 의사결정과 참여의 실현

* 출처: 저자편집(2021)

5) 사회적 경제의 한계

우리 사회에 있어서 사회적 경제의 목적은 공공(정부)경제와 시장경제 영역에서 소외된 사람들에게 고용 창출과 더불어 사회서비스 제공을 하는 것에 있다. 여기서 사회서비스는 교육, 사회복지, 보건, 환경 및 문화와 관련된 서비스를 제공함으로써 지역주민의 삶의 질 향상을 위한 것이어야 한다. 즉, 사회적 경제의 주요 역할은 사회서비스의 확충, 일자리 창출, 지역사회 활성화 및 사회적 문제에 대한 대응을 통하여 사회적 목적의 달성과 사회적 가치를 창출하는 것에 있는 것이다.

우리 사회의 경제 구조를 살펴보면 사회적 경제가 시장경제 및 공공경제와 더불어 우리 사회 경제의 한 축을 담당하는 역할을 담당하고 있음을 확인할 수 있다. 하지만 우리나라의 사회적 경제는 정부 주도의 복지와 일자리 문제를 해소하기 위한 정책적 개념으로 도입된 측면이 크다. 따라서 정부를 중심으로 사회적 경제를 구성하는 공동체들이 성장을 지속해 온 것에 따르는 문제는 내재되어 있다. 이로 인하여 사회적 혁신을 추구하고 더불어 시장경제의 대안 역할을 수행해야 한다는 본래의 사회적 경제가 가진 의미가 흐려졌다고 여겨지기도 한다(새로운 사회를 여는 연구원, 2013).

사회적 경제를 구성하는 조직들이 정부의 지원에 의존하는 현상이 장기화되면서 자체적으로 생존능력을 갖추지 못하는 결과로 나타나게 되었다. IMF 이후 정부 주도로 급속하게 확산된 사회적 경제 조직들이 시간이 지남에 따라서 운영 주체들의 고령화와 정부의 요구사항을 맞추는 과정에서 발생했던 사업 형태의 유상화는 자체 생존과 발전에 있어서 그 역량의 한계를 노출시켰다. 그러나 현재는 사회적 경제영역에서 활동하는 기업의 중요성이 인식됨에 따라 벤처기업 등과 같이 독자적인 사업확장과 지속성장 모델을 찾기 위한 노력과 사회적기업 지원을 기초 교육, 멘토링, 금융 등을 담당하는 중간지원 조직 등 다양한 인프라가 갖춰지고 있다. 따라서 사회적 경제 범위의 기업과 소셜벤처 영역은 사회에 선한 영향을 미치며 경제적 성장을 통한 지속 가능한 사업모델을 추구하는 사람들에게는 항상 문호가 열려있다고 할 수 있다.

1.2 소셜벤처의 이해

1) 소셜벤처의 개념

미국의 사회적기업 컨설팅 기관인 버추 벤처스(Virtue ventures, 2005)는 소셜벤처를 '사회적 문제 또는 시장실패를 완화하거나 줄이기 위하여 사회적 목적과 경제원리 및 혁신성에 기반을 둔 운영을 통해 사회적 가치를 생산해 내는 비즈니스 벤처'로 정의하였다. 중소벤처기업부에 따르면 소셜벤처를 '사회문제해결을 위한 벤처'로 정의하고, 사회적기업과 가장 큰 차이점은 '확장성을 고려한 리스크'를 담보하는 것으로 정의하였고, 소셜벤처가 벤처의 혁신성과 고위험(불확실성), 고수익의 속성이 내포되어 있다고 하였다(중소기업청, 2014). 그리고 경기연구원(2018)은 사회적 경제를 기반으로 하는 사회적기업 운영 주체들의 고령화와 동형화에 대한 우려를 해소하고 비 혁신성과 비 지속성을 해결하며 가치기반의 사회성, 기술기반의 혁신성 그리고 생태계 기반의 지속가능성을 기반으로 사회혁신을 이끄는 새로운 영역을 제4 섹터라 하고 그 영역에 핵심적 주체 유형으로 '소셜벤처'를 언급하고 있다.

이러한 소셜벤처의 등장 배경은 소셜벤처가 제3 섹터의 대표 유형인 사회적기업과 동일 개념이 아님을 의미한다(박민진, 김태영, 2019). 우리나라는 2009년 고용노동부가 주최한 '제1회 소셜벤처경연대회'에서 소셜벤처(Social venture)라는 용어가 공식적으로 활용되기 시작하였으며, 지금까지의 정의를 종합해 보면 소셜벤처는 사회적 경제 공동체들이 사회적 가치(미션 달성 및 사회적 문제해결)실현을 통해 창출하는 사회적 영향력(Social impact)과 일반 벤처기업의 주요 특징인 혁신성과 지속 가능 모델을 갖추고 있는 기업을 의미한다.

즉, 소셜벤처는 ① 사회적 가치 창출과 경제적 가치 창출을 동시에 추구하는 기업, ② 혁신 또는 혁신적인 접근 방법으로 사회적 문제를 해결하는 기업, ③ 사업의 확장 또는 지속 가능한 성장을 위한 접근 방법, 즉 비즈니스 접근법을 활용하는 기업으로 요약할 수 있다(배종태, 라준영, 2013).

* 출처: 소셜벤처 허브(www.svhc.or.kr, 2019)

그림 1-3. 사회적기업과 벤처 그리고 소셜벤처

사회혁신 관점에서 공공경제(제1 섹터) 또는 시장경제(제2 섹터)의 두 영역이 해결하지 못한 자본주의의 한계에 대응하기 위하여 출현한 것이 제3의 경제(제3 섹터)영역인 사회적 경제라 한다면, 이들 1, 2, 3 섹터가 해결하지 못한 사회문제를 풀 수 있는 사회혁신의 필수요소인 가치기반의 사회성, 기술기반의 혁신성 그리고 생태계 기반의 지속가능성을 갖추고 있는 또 다른 영역인 제4 섹터의 필요성이 대두되었으며, 그 핵심 유형으로 '소셜벤처'가 언급되고 있는 것이다.

표 1-2. 사회적기업과 소셜벤처의 차이

	사회적기업	소셜벤처
목적	취약계층 고용, 사회서비스 제공	자유로운 경제활동 가능, 지배구조나 투자의 자율성 보장, 혁신적인 것을 창출하는 성장주도형 기업
지배구조	주식회사, 협동조합, 사회적협동조합, 비영리 가능	주식회사
영역	취약계층 고용, 사회적 서비스나 업종(청소, 노동, 돌봄) 등 전통적인 산업, 장애인이나 고령자를 위한 서비스	사회서비스, 지역사회 공헌에 국한되지 않고 좀 더 자유로운 영역/경제모델
자원동원	공공자원 활용도 높음	투자, 크라우드 펀딩, 수익창출 등 공공자원의 지원을 통한 자원 동원보다 자율적
KPI	고용률, 사회서비스 제공, 지역사회 공헌	사회적 가치 창출, 인식개선, 문제해결
주요가치	사회성, 시장성	사회성, 시장성, 혁신성

* 출처: 박민진, 김태영(2019)

2) 소셜벤처의 특징

소셜벤처의 핵심요소를 크게 세 가지로 나누자면 사회성, 혁신성, 그리고 지속가능성이다. 사회적 가치와 경제적 가치를 동시에 추구한다는 점과 사회문제해결에 대한 혁신성 그리고 사회적 영향력을 확대해 나가기 위하여 갖추어야 할 기업의 지속가능성 확보를 위한 비즈니스 접근 역량 등이라 할 수 있다. 이 세 가지 요소를 통해 소셜벤처의 특징을 도출하면 다음과 같다.

첫째, 소셜벤처는 사회성 관점에서 전략적 틈새 관리(Strategic niche management, SNM)[1]를 추구한다. 니치는 '좁은 틈새'로 번역할 수 있다. 즉, 사회의 틈새를 발견하고, 사회적 니즈가 있으나, 아직 충족되지 않았던 서비스를 잠재고객에게 공급하는 전략이다(Ieromonachou et al., 2004).

둘째, 소셜벤처는 취약계층을 고용하는 등의 노동 통합 정도는 낮지만, 사회성 그 자체의 파급효과는 훨씬 크다. 노동 통합이란 특정 취약성으로 인해 사회로부터 배제되고 있는 실직자를 노동시장으로 재통합하는 과정을 뜻한다(Davister et al., 2004; 남미옥, 2014; 장원봉, 2008).

셋째, 소셜벤처는 혁신성의 측면에서 적정기술 기반의 파괴적 혁신(Disruptive innovation)을 추구한다. 파괴적 혁신이란 기존에 무시되

---

1 전략적 틈새 관리(SNM)는 보다 지속 가능한 개발을 향한 광범위한 사회-기술적 전환을 유도하는 데 도움이 될 수 있는 최근 개발된 접근 방식. 풍력 에너지, 바이오 가스, 대중교통 시스템, 전기 자동차 운송 및 친환경 식품 생산과 같은 분야에서 보호된 사회적 실험을 통해 새로운 지속 가능한 기술의 도입 및 확산을 촉진하도록 설계. SNM의 주요 과제는 그러한 실험이 실행 가능한 틈새 시장으로 진화하고 궁극적으로 지속 가능한 개발로의 광범위한 전환에 기여 할 수 있는 프로세스를 제공.

어 왔던 사회적 요구를 저가의 기술을 통해 충족시킴으로써 기존의 시장 구조를 파괴하고 새로운 시장을 창출하는 혁신이다(Christensen, Raynor, & McDonald, 2015).

넷째, 소셜벤처는 혁신성의 측면에서 지식 집약적 서비스 모델을 가진다. 지식 집약적 산업이란 다양한 분야의 지식집약도가 높은 분야로, 연구 개발, 신기술 적용, 정보 처리 등이 이에 속한다(양창훈, 2006a; 양창훈 2006b; 송위진, 장영배, 2009; 이재화, 김병근, 2016). 소셜벤처는 기술지식을 사용하여 사회서비스를 제공한다는 점에서 지식 집약적 성격을 가진다고 할 수 있다.

다섯째, 소셜벤처의 지속가능성 측면에서 소셜임팩트 투자가 필요하다. 소셜벤처는 제4 섹터로써 제1 섹터(정부)의 자금인 세금, 제2 섹터(기업)의 자발적 이윤, 제3 섹터(NGO)의 사회적 지원 등과는 다른 차원의 경제적 투자가 필요하다(강민정, 2012). 소셜벤처에 투자를 지원해야 하는 이유는 그 특성이 벤처기업과 비슷하기 때문이다. 창업 후 나타나는 죽음의 계곡(Death valley)을 넘어 지속 가능하게 운영될 수 있는 제도적 지원이 필요하다. 따라서 사회성에 기반한 소셜임팩트 투자제도가 필수적이다.

여섯째, 소셜벤처는 사회·기술 시스템의 전환을 최종적 목표로 삼는다. 사회·기술 시스템론에 따르면 사회와 기술은 서로 분리될 수 없는 통합적 시스템이다. 즉, 혁신체제에서 사회성 혹은 혁신성의 중요성은 인과관계 혹은 순위를 정할 수 없으며, 두 특성의 융합작용을 통해 사회혁신이 일어나는 것이다(Geels, 2004a; Geels, 2004b; 송위진, 2013). 이상의 여섯 가지 소셜벤처의 특징은 사회혁신을 기반으로 벤처기업 생태계를 활성화하는 데 가장 중요한 기본 전략이기도 하다.

4) 소셜벤처 정리하기

안지훈(2019)은 소셜벤처에 대한 설명을 육하원칙에 근거로 활동 주체 및 영역에 대하여 그 내용을 정리하여 그 개념에 대한 이해를 돕고 있는데 그 내용은 아래 표와 같다.

표 1-3. 소셜벤처 활동 주체 개념

육하원칙	주체/영역	내 용
누가	소셜벤처 활동가	사회적 가치를 실현하기 위해 노력하는 사람(들)
	사회 혁신가	사회적 가치를 창출하여 사회를 변화시키는 사람
	체인지메이커	사회문제를 해결하여 더 나은 세상을 만드는 사람
언제	항시가능	사회적 가치실현을 위한 경제적 아이디어를 구체화시킬 수 있는 때면 언제나 가능
어디서	공동체	특정한 사회적 공간에서 공통의 가치와 유사한 정체성을 가진 사람들의 집단
	지역사회	개인, 친구, 가족 등 인간관례에 의해 골목, 마을, 동, 지자체 등 지리적, 행정적 분할로 나누어진 일정지역의 사회
	시장	재화 및 용역을 한곳에 집중시키고 그것을 다시 배분하는 기능의 개념적인 장소
무엇을	사회문제	사회제도나 사회구조의 결함, 모순에서 생기는 문제로 노동, 토지, 실업, 인구, 인종, 민족, 도시, 주택, 청소년, 청년, 여성, 노인, 범죄문제 등
	사회 불평등	사회적 자본이 개인이나 집단에서 차등적으로 분배되지 않고 평등한 사회적 지위를 갖지 못하게 하는 것
	사회적 사각지대	사회적으로 어느 위치에 섬으로써 다른 위치에 있는 사람들에게 보이지 않게 되는 각도

육하원칙	주체/영역	내 용
어떻게	소셜벤처	인권, 평등, 자유, 평화 등의 사회적 가치를 실현하기 위하여 도전하고 혁신하는 기업, 기관, 조직
	소셜벤처 액셀러레이터	소셜벤처가 빠른 속도로 성장할 수 있도록 돕는 기관
	소셜벤처 인큐베이터	초기 소셜벤처의 재정, 행정, 홍보 업무 등 운영을 잘할 수 있도록 돕는 조직
왜	사회적 가치	사회적, 경제적, 환경적, 문화적 영역에서 공공의 이익과 공동체의 발전에 기여하는 가치
	정의	개인 간의 올바른 도리 또는 사회를 구성하고 유지하는 공정한 도리
	공생	서로 다른 사람들이 한데 어우러져 서로 도우며 살아감

* 출처: 안지훈(2019)

1.3 사회적기업과 소셜벤처 창업자의 기업가정신

Dart(2004)에 의하면 사회적기업과 사회적기업가정신은 1990년대 말에 주목을 받기 시작하였다. 사회적기업은 전통적인 비영리 민간 부분의 조직들과 달리 기업적 형태를 가진 조직으로 태동하였다. 이러한 형태의 조직들은 조직의 가치, 규범, 조식구조, 전략의 차원에서 전통적인 비영리 민간조직(NGO)들과 다른 특성을 갖는다.

Dees et al.(2001)에 의한 사회적기업가는 사회적 가치를 창조하기 위한 목적으로 활동하며 혁신적이고 기회를 잘 포착하고 자신들의 지지층에 대한 책임감이 있는 특징이 있다고 하였다. Bornstein(2007)은 성공적인 사회적기업가에 대한 자질로서 6가지의 특징을 들고 있는데 첫째, 자기 교정 의지(스스로 바꿔나가고자 하는 의지), 둘째, 업적 공유의지(자신이 이룬 업적을 누군가와 공유하고자 하는 의지), 셋째, 기존 틀에서 자유롭고자 하는 의지(기존 조직의 운영 방향을 변화시키고자 하는 의지), 넷째, 영역을 넘나들고자 하는 의지(문제해결을 위해 다양한 영역에 걸친 활동을 수행하고 서로 다른 경험과 전문성을 가진 사람들을 통합시켜 현실적인 해답을 끌어내고자 하는 의지), 다섯째, 조용히 일하고자 하는 의지(큰 이목을 끌지 않고 아이디어 실현을 위해 조용히 순간의 노력에 매진하고자 하는 의지), 여섯째, 굳건한 도전성(사회적 가치를 실현하려는 사회적기업가의 본질적인 특성) 등이다(이용탁, 2009).

Sharfman et al.(2005)는 사회적기업가들에게 개인적 동기와 주도성이 사회적기업가정신의 핵심이라고 강조하고 있다. 또한, 기업가정신에 있어 가장 중요한 것은 열정이라고 하였다. 열정은 사회적 병리 현상을 치유하려는 사회적기업가정신에 있어 가장 중요한 부분이라고 주장하고 있다.

사회적기업가정신의 특성은 비영리 부문 조직들의 목적 즉, 사회적 목적을 달성하기 위해 전통적인 기업가정신의 특성을 활용한다는 것이다(Pestoff, 1998). 사회적기업가정신은 제2 섹터의 주체인 일반기업을 주 대상으로 정의되는 기업가정신을 사회적 영역으로 확대한 것으로 이해될 수 있다(Peredo & McLean, 2006). 이러한 관점에서 사회적기업가정신은 다양한 이해당사자들의 이해를 고려하면서 자신의 사회적인 목적달성이라는 비전에 대한 균형감각의 중요성을 강조하고 있다. 즉, 사회적 목적달성은 사회적기업가들에게 배타적이고 중요한 가치이다(Peredo & McLean, 2006). 기업가정신과 사회적기업가정신의 비교 내용은 아래 표 1-4와 같이 정리된다.

표 1-4. 기업가정신과 사회적기업가 정신의 비교

기업가정신(Entrepreneurs)	사회적기업가정신 (Social Entrepreneurs)
개인적 지식과 기술의 강화	집합적 지혜를 통해 얻어짐
단기적 재정적 수익에 초점	장기적 역량향상에 초점
아이디어 범주에 제한이 없음	사회적기업가정신의 목적은 사회에 긍정적인 영향력을 행사하는데 초점을 둠
이익(수익)창출이 목적	이익(수익) 창출이 수단
이익이 미래의 수익창출을 위해 투자	이익이 사람들을 돕고 섬기는데 사용됨

* 출처: Thalhuber(1998), 배귀희(2011)

사회혁신이란 사회적 목적을 가진 주체가 기존의 사회문제나 새롭게 등장한 사회 이슈를 새로운 아이디어나 방식을 통해 해결하고, 이러한 과정을 통해 사회혁신 사례의 확산을 유도하고, 시스템의 변화(제

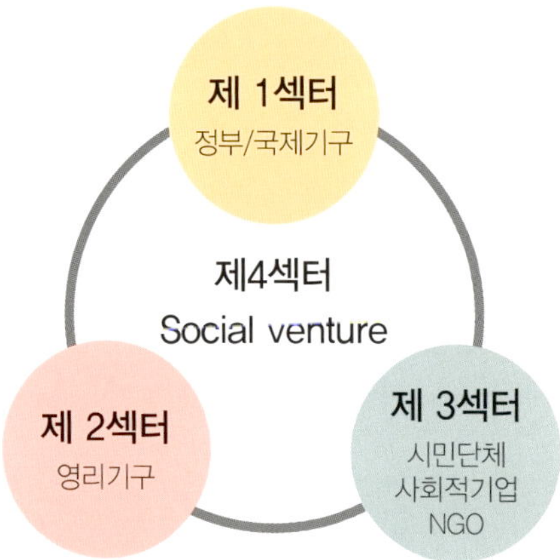

* 출처: 최용석, 백보현(2019)

그림 1-4. 제 4섹터의 개념적 범위

도, 태도, 행동, 인식 등)를 일으키는 일련의 과정이다. 즉, 사회혁신이란 사회의 수요가 무엇인지를 밝히고 그것을 기존의 것과 다른 새로운 관점과 시도를 통하여 해결하는 방법으로 사회, 인식, 시스템의 변화로 이어지는 구조적 과정을 의미한다(박민진, 김태영, 2019).

소셜벤처 창업가(Social venture entrepreneur)는 앞서 말한 것처럼 기술기반의 혁신성과 가치기반의 사회성 및 생태계 기반의 지속가능성을 기반으로 사회혁신 특히 빈곤, 교육, 인권, 환경 등과 같이 사회적 이슈를 해결하려는 의지를 갖는다는 점에서 일반 창업자와 차이점을 갖는다. 소셜벤처 창업가는 사회적 문제에 대한 혁신적이고 지속적인 해결책을 개발함으로써 사회적 · 경제적 가치를 창출하고 사회를 긍정적으로 변화시켜 나가는 개인을 의미한다(김진수 외, 2017).

이들이 갖는 특성을 요약하면 다음의 네 가지로 요약할 수 있다. 첫째, 소셜벤처 창업가는 사회를 긍정적으로 변화시키기 위해 기회를 추구하며 충족되지 않은 사회적 욕구에 해결되지 않은 문제점을 파악하고 여기에서 기회를 포착한다. 둘째, 기회를 실행으로 옮기는 과정에서 사회적 가치를 창출한다. 셋째, 새로운 모델과 패러다임을 제시하는 변화의 주도자로서 근본적인 시스템의 변화가 일어날 수 있도록 지속 가능한 해결책을 제시한다. 넷째, 소셜벤처 창업가는 한정된 자원으로 소셜벤처 창업가로서의 소명을 책무를 다하는 자들이다. Dees(2007)에 의하면 소셜벤처 기업가정신은 정부정책과 시민사회 몫이던 사회적 목표 추구에 대하여 혁신성과 시장성이라는 자본주의적 요소를 적극적으로 도입한 개념으로서 소셜벤처 기업가정신을 통하여 기업은 사회문제 해결의 적극적인 주체로 부상한다고 말했으며, 기업에 있어 소셜벤처의 기업가정신은 사회참여와 사업기회를 함께 시도하는 영역이다.

한편, 소셜벤처 창업가가 사회문제를 바라볼 때 갖추어야 하는 중요한 기업가적 소양 혹은 안목은 크게 두 가지로 구분될 수 있는데, 하나는 문제해결 방법론에 집중하는 것이고 다른 하나는 대안적 가치를 추구하는 것에 있다. 일반적으로 소셜벤처 기업가를 생각할 때 인식하는 안목은 혁신적 문제해결 방법론에 국한되는 것이 현실이나 해결하고자 하는 사회적 문제에 몰입하여 문제해결 방법론으로 접근하는 것 이외에도 문제에 대하여 새롭게 제시되는 대안적 가치는 무엇인가?에 대해 접근할 때 문제해결에 대한 혁신의 폭은 넓어질 수 있다.

소셜벤처 창업가는 사회문제에 대한 해결 혹은 혁신의 관점에서 문제해결에만 한정된 사고를 하는 것이 아니라 대안적 가치도 함께 고려할 줄 아는 폭넓은 시야로 문제를 바라보는 열린 기업가정신을 갖추어야 한다.

본 교재에서 가치기반의 사회성, 기술기반의 혁신성 그리고 생태계 기반의 지속가능성을 기반으로 사회혁신을 추구하는 '소셜벤처'를 중심으로 기술을 하였다. 사회적기업 컨설팅 기관인 버추 벤처스(2005)가 소셜벤처를 '사회적 문제 또는 시장실패를 완화 또는 줄이기 위하여 사회적 목적과 경제원리 및 혁신성에 기반을 둔 운영을 통해 사회적 가치를 생산해 내는 비즈니스 벤처'로 정의하였듯이, 소셜벤처는 사회적기업과 사회문제 해결 및 사회서비스 제공으로 활동 영역이 중첩되는 공통된 기반으로 하고 있음을 강조한다. 그리고 이 중에서 사회혁신을 주도하는 새로운 경제 주체를 소셜벤처로 판단하며 이에 중점을 두어 서술한다는 의미다. 다만, 사회적 경제를 튼튼하게 받치고 있는 견실한 사회적기업에 대한 이해와 관련 기업의 사례 및 관련 법률이 포함될 것이다. 본 교재는 크게 네 개 영역으로 구성되어 있다.

첫 번째 영역 'I. 소셜벤처의 이해'는 사회적 경제와 소셜벤처에 대한 설명과 사회문제 분석을 통한 이슈화 및 창업기회를 다루었다. 두 번째 영역 'II. 소셜벤처 창업과 운영'에서는 소셜벤처창업 디자인 및 운영 그리고 소셜벤처가 활용하는 첨단기술과 정보에 대하여 설명하였다.

세 번째 영역 'III. 소셜벤처 지원과 사례'에서는 우리나라의 사회혁신을 위한 생태계와 정부의 소셜벤처 지원, 임팩트 투자기관 및 기업의 사회적 책임(CSR)을 다루고, 국내외 소셜벤처(사회적기업 포함) 사례를 정리하였는데 이 중에는 적정기술, 공공기술 및 공공데이터 활용하는 소셜벤처 사례가 포함되어 있다. 마지막으로 부록에서 소셜벤처 관련 법령을 기술하였으며 경제공동체 및 사회적 경제공동체 관련 법령을 요약정리하고 있다.

제2장

사회 이슈와 소셜벤처 창업기회

소셜벤처 창업자는 사회문제를 인식하고 그 문제를 어떻게 혁신적인 방법으로 해결하며, 사회에 어떠한 영향(Impact)을 가져올 수 있는가에 대한 깊이 있는 고민을 거쳐 사업실행계획을 수립한다. 소셜벤처 창업가가 창업계획단계에서 가장 먼저 경험하는 것은 사회적 문제에 대한 인식, 분석을 통한 이슈화 작업 그리고 사업 기회로 정의하는 과정일 것이다. 그리고 사업 기회로 정의된 이슈는 창업자들에게 반드시 해결해야만 되는 가장 중요한 미션이 되는 것이다.

이번 장에서는 사회적 가치의 실현을 통하여 혁신을 추구하는 소셜벤처를 창업하고자 하는 창업자가 처음 겪게 되는 사회문제에 대한 인식과 사업 기회를 찾는 방법에 대해 언급할 것이다. 여기에서 창업가 혹은 기업가는 사회문제를 단순히 현상으로만 인식하는 데서 벗어나, 그 문제를 혁신의 대상으로 인식하며 기회를 발견하고 사회적 가치를 실현하고자 하는 사람들이다. 즉, 소셜벤처 창업가는 사회문제를 혁신적 비즈니스 모델을 통하여 그 해결 방법을 찾아 사업 기회를 정의하는 역량을 가지고 있으며, 사회적 미션에 대한 대내 · 외적으로 많은 질문과 답변을 통하여 자신이 추구하는 영역에 대한 의미 있는 사회적 변화를 끌어내고자 헌신하는 사람들이라 말할 수 있는 것이다.

2.1 소셜벤처의 혁신성

1) 사회문제 해결 주체로서의 소셜벤처

사회문제는 역사 이래로 인류가 조직화되고 사회화되는 과정에서 어느 곳에서나 발생했다. 유럽의 경우 산업혁명 이후 노동자의 도시 집중화 과정을 거치며 큰 문제로 대두되었고, 우리의 경우 '70년대 이후 급격한 산업화 과정을 겪으며 양극화 문제는 물론, 고용, 교육, 보건, 안전, 문화, 환경 등 다양한 영역에서 사회문제가 노출되었다.

이러한 사회문제 해결을 위하여 정부(공공), 기업(시장)은 물론 비정부기구(NGO)로 대표되는 시민사회 및 사회적 경제 조직 등이 다양한 역할을 해왔지만, 사회문제는 여전히 종류와 크기를 바꿔가며 우리 사회 속에 있다. 정부(공공)는 사회문제 해결이 가장 중요한 담당업무이지만, 정책 결정, 사업추진 및 조직 운영에 있어서 때론, 효율성과 신속성을 갖지 못하는 문화적 특성이 있다.

한편, 기업(시장)으로 대표되는 시장의 경우 이윤 창출만으로 기업이 성장할 수 없음을 인식하고 기업의 사회적 가치증대와 사회적 공헌을 위하여 윤리경영을 시작으로 기업의 사회적 책임(CSR) 및 기업과 사회의 공유가치(CSV) 창출 등의 노력을 통하여 사회문제를 해결하는 데 역할을 하여 왔으며, 근래 들어 ESG(Environment, Social, Governance)를 중심으로 경영체계를 개편하고 있으나, 근본적으로 사회문제를 해결하는 주체로 인식되지는 않는다.

시민사회(NGO)는 정부가 해결하지 못하는 사회문제에 대하여 자발적이며 조직적으로 접근하는 실천력과 문제 파악 역량을 가지며 사회적 경제, 경제민주화, 생산을 통한 복지, 지역공동체 추구 및 구성원의 신뢰 강화를 통한 거버넌스(Governance) 구축을 사회적 경제에 중요한 역할로 인식해 왔으나 구체적인 운영프로그램으로 이어져야 하는 과제를 안고 있다(강민정 외, 2015a).

사회적 경제는 시민사회가 갖지 못하는 구체적 실행프로그램을 가지고 사회문제해결에 한 발 더 접근한 조직으로서 그 효용성은 아직도 유효한 것은 사실이다. 그러나 운영 형태와 운영 주체가 갖는 한계를 가지고 있는 것 또한 분명한 사실이다. 따라서 앞서 언급한 정부, 기업(시장) 및 시민사회 및 사회적 경제가 해결하지 못한 사회문제에 대한 분석을 통하여 혁신적 사업모델을 구축하고, 실천하며 경험 결과를 검증하고 성공적 사업체험을 통하여 시민사회에 영향을 미칠 수 있는 사회혁신 차원에서의 소셜벤처의 역할이 기대되는 상황이라 할 수 있다.

정부, 기업(시장) 및 시민사회 및 사회적 경제와 다르게, 소셜벤처를 특정 짓는 혁신적 요소는, 첫째, 사회적 임팩트(Impact)를 최우선으로 제시된다. 둘째, 정부나 시민 활동 등과 같은 광범위한 책임성을 갖는다. 셋째, 시장 지향성을 통하여 문제를 풀어간다는 점이다. 소셜벤처를 특정 짓는 요소들과 더불어 소셜벤처는 경제적인 가치를 지속해서 생산해 내고, 자생적으로 경쟁력 배양하여 지속가능성을 확보해야 하며, 외부의 변화를 인지하고 다양한 상황에 신속하게 대응하는 역량을 가지는 등 가치추구에 대한 시스템 변화를 가져올 수 있도록 노력해야 한다는 측면에서 사회문제 해결의 주체로서 기대되는 상황이다.

2) 사회혁신과 창업가의 관점

Edwards-Schachter(2012)의 사회혁신론은 자본주의 사회의 고도화과정을 통하여 발생하는 사회적 문제들인 경제 양극화, 기후변화, 교통 문제, 사회 불평등, 환경오염 등의 사회적 문제를 해결하고 사회의 지속 가능한 발전방안을 모색해야 하는 필요로 인해 제기되었다고 말하였다. 따라서 사회혁신론은 기존의 사회시스템으로 극복할 수 없는 사회문제를 해결하는 열쇠이자 새로운 사회수요에 대한 대안으로 주목받기 시작한 것이다.

또한, 강민정(2015) 등이 말하는 사회혁신의 정의는 사회문제해결을 위하여 새로운 해결책을 제시하거나 대안적 가치를 제시하는 일련의 활동을 말하며, 궁극적으로는 우리 사회에 살아가는 시민들의 삶의 질을 높이며, 행복한 삶을 추구하는 활동이라 말할 수 있다.

또 다른 관점의 사회혁신에 대한 정의는 Haxeltine et al.(2016)가 제시하였는데 사회적 목적을 가진 주체가 협업 과정을 통해 우리 사회의 문제를 해결하는 구체적 방법을 제시하고, 이를 통해 사회시스템을 지속할 수 있게 변화하는 일련의 과정이라고 말하였다. 즉, 사회적 수요를 찾고 그것을 기존과는 다른 새로운 관점에서 해결하여 문화, 인식, 체제의 변화를 일으키는 구조적 과정에서 이해할 수 있다고 말하였다.

사회혁신을 통하여 사회적 문제를 해결하고 사회구성원의 삶의 질을 향상시키고 변화시키는 것을 목적으로 하는 창업가에게는, 해결하고자 하는 사회문제에 대한 명확한 이해와 문제에 대한 전문적 지식 및 분석 역량이 가장 우선하여 요구된다. 그리고 문제해결을 위한 최적의 대안을 찾는 혜안을 가져야 한다. 또한, 다른 문제해결 접근방법과 차별되는 나만의 문제해결 비즈니스 모델을 가져야 한다. 물론 그 비즈니스 모델은 혁신성을 기반으로 정립되어 있어야 하며, 문제해결의 결과는 사회시스템의 변화로 이어지도록 역할을 담당해야 한다.

소셜벤처 기업가는 문제해결을 위한 헌신적 노력과 혁신적 방안을 찾는데 그들에게 요구되는 또 다른 관점은 대안적 가치의 추구라 할 수 있다. 대안적 가치 추구는 사회적 문제해결과 혁신과정을 달리한다. 사회적 문제해결의 접근은 문제 중심의 탐색을 통하여 업무가 시작되는데, 실제로 '혁신'은 문제 중심의 탐색에서만 이루어지는 것만은 아니기 때문이다.

여기서 사회적 문제에 대하여 문제해결보다는 대안적 가치가 무엇인가를 가지고 고민하는 것에 대한 의문이 있을 수 있으나 해결하고자 하는 사회문제에 대한 새로운 대안적 가치가 무엇인가에 관한 질문을 던질 때, 소셜벤처 창업가가 창출할 수 있는 혁신의 범위는 더욱 넓어지게 된다. 즉, 사회적 문제를 해결하고자 하는 시각의 열린 자세는 소셜벤처 기업가에게 중요한 소양이 될 수 있다. 이때 문제해결과 더불어 대안적 가치를 함께 제시할 수 있는 혁신적인 사고가 가능해진다는 측면에서 대안적 가치 추구를 함께 고려하는 것은 소셜벤처 창업가에게는 중요한 인식의 과정이라 할 수 있다(강민정 외, 2015).

2.2 사회문제 분석

1) 사회문제의 정의와 분석적 접근법

소셜벤처 창업가에게 있어 사업기회 발굴 혹은 사업화를 위한 사회문제의 정의는, 사회문제에 대한 해결 방법을 찾고 사회적 가치를 실현하는 과정에서 구체화될 수 있다.

강희경(2004)은 소셜벤처 창업가가 사회문제를 인식하고 이를 사업화하는 것은 개인적 경험에서 비롯되며, 문제해결 의지를 갖게 되고, 이것을 실현하는 과정에서 사회변화에 이르는 경우가 많다고 하였다. 또한 사회문제를 이해하는 가장 중요하며 일반적인 방법론으로 사회적 상상력을 제시하고 있는데 이는 개개인들의 삶의 모습에 영향을 미치는 사회 역사적 과정에 대해 관계적이고 종합적인 사고를 하는 것이다.

Giddens(2013)는 사회학적 상상력을 역사적, 인류학적, 비판적 상상력으로 나누어 설명하는데, 이 중 비판적 상상력이란 '현재 사회의 모습이 바람직한 것인지, 바람직하지 않다면 어떤 방향으로 변화되어야 하는지에 관한 판단'이며, 지금까지 당연시되고 정당화되어 왔던 모든 가치, 질서, 규범을 상대화하고 의문시하는 과정이 포함된다.

역사적 상상력이란 과거의 물질적, 정신적 유산들이 현재 사람들의 사고 및 행위 양식을 형성하는 데 어떠한 영향을 미쳤는가를 파악하는 일이며, 이를 통하여 새로운 역사적 변화를 낳고 새로운 미래를 만들어 갈 수 있는 시각을 가질 수 있다.

마지막으로 인류학적 상상력이란, 개인들이 자신의 특수한 삶의 조건들과 경험들 속에서 형성된 가치, 규범, 정서, 감정 등을 사회의 일반화된 기준인 것처럼 생각하는 경향에 대한 반성으로 다양한 역사적, 사회적 유산에 따른 다양한 사회의 모습을 인정하는 열린 지성을 뜻한다.

강민정(2015)은 Giddens(2013)의 사회적 상상력을 근거로 사회문제를 정의할 줄 알아야 하며 사회를 바라보는 기존의 눈을 바꾸면서 기존의 사회 형태를 비판하고, 대안적인 미래를 제시하는 것이 소셜벤처 기업가의 소셜미션 속에서 이루어져야 한다고 주장한다. 소셜벤처 기업가는 이를 위하여 현실적 분석을 수행해야 하며, 이러한 분석이 비판적 상상력을 뒷받침할 때만 대안적인 힘을 가질 수 있다고 말하고 있다.

2) 소셜벤처 가치정의와 평가

강민정(2015)은 소셜벤처 창업가에게 요구되는 가치판단의 정의 과정은 특정 사회 이슈를 선택하는 것에서부터 작용한다고 말한다. 이는 어떤 대상을 의미 있는 변화의 대상으로 삼을 것인가를 선택하고, 사회적 상상력을 통하여 이 대상의 특정한 인과관계에 주목하며, 변화의 방안을 선택하는 일련의 과정에서 나타난다. 소셜벤처 창업가는, 왜 그 문제가 중요한지에 대한 외부로부터의 질문에 대답해야 하며, 내가 정말 중요한 사회적 문제를 다루고 있는가에 대한 자신의 존재에 관한 질문에 답해야 한다. 또한, 사회문제를 해결함으로써 가져오는 사회적 임팩트에 대한 객관성을 입증하는 과정을 가져야 한다.

창업가는 해결하고자 하는 사회문제나 새로운 대안을 추구하는 가운데 발견한 사업 기회에 대하여, 사회적 가치를 제시하여야 하며, 그 과정에서 가져올 사회적 영향력을 측정하기 위한 사회적 가치와 재무적 가치를 동시에 만족시킬 수 있는 사업모델의 정의가 필요하다.

소셜벤처 기업의 사회적 가치를 측정하고 평가할 수 있는 기준과 측정결과를 객관적으로 보여줄 수 있는 방법론은 GIIN(Global impact investors network)과 개발한 IRIS(Impact reporting and investment standards)인데 성과평가 도구로서 사회적 · 환경적 · 재정적 가치를 측정하고 사업거래를 평가할 수 있는 성과측정 지표이다.

사회적 투자회수율(Social return on investment, SROI)은 재무적 건전성에 대한 정량적 사회적 가치 측정 방법으로 사용되고 있는데 실리콘 밸리의 벤처형 자선기관인 REDF(Roberts Enterprise Development Funds)에서 개발되었으며 그 내용은 투자의사 결정에 있어서 사회적 가치 창출 목표와 이를 달성할 수 있는 역량을 평가하는데 수익과 사회적 기여 부분을 사회적 투자회수율[2]을 통하여 평가하는데 오늘날 사회적 가치평가의 주요도구로 사용되고 있다.

2.3 소셜벤처 창업 기회

소셜벤처 혹은 사회적기업의 활동영역에 대해서는 미국의 아소카 재단에서 발표한 아소카 펠로우(Ashoka Fellow)들의 활동 분야, 2015년 제70차 UN 총회에서 발표된 지속가능발전목표(SDGs, 2015-2030)를 발표한 UN 그리고 2018년 대한민국 정부 부처가 공동으로 발표한 '공공정책 핵심지표'에서 언급한 바 있다.

---

2 사회적 투자회수율 = 미래 창출 가치(Business value + Social purpose - debt)/투자(Investment)

* 출처: UNESCO

그림 1-5. UN의 지속가능발전목표(SDGs)

하지만 사회적 문제에 대한 정의는 이들 기관만 하는 것은 아니다. 이들 기관과 다르게 사회적 문제해결을 위한 활동가들의 활용영역에 대한 또 다른 정의는 영 파운데이션(Young Foundation)의 사회변동으로부터의 기회, 저개발국 사회기저층(Bottom of the Pyramid)시장으로부터의 기회, '비이성적인 사람들의 힘' 등으로부터 정의한 기회 중 사회적기업가가 주목해야 하는 10가지 사회문제와 국내 대학 중 사회적 기업가 MBA 과정이 개설된 KAIST의 SK SE Center에서 정의한 사회적 문제를 통한 사업기회 등이 있으며, 본 저서에서는 사회문제를 바라보는 이들의 다양한 시각을 확인해 보고자 한다.

사회 이슈로부터 창업기회를 찾는 과정에서 중요한 것은 그것이 사회적으로 중요한 문제라 하더라도 소셜벤처 창업가가 해결할 수 없는 문제가 존재하며, 그것은 정부 혹은 시민사회를 통하여 해결해야 할 문제들일 수도 있다는 것이다. 즉, 소셜벤처 창업가에게 사회적 이슈를 통한 사업 기회에 한계가 있을 수 있다는 의미하는 것이다. 때론, 한계영역으로 인식되더라도 다른 접근으로 문제해결을 이끌 수 있다 하여도 창업가는 활동 범위에 대한 한계가 있음을 이해할 필요가 있다고 말하는 것이다.

1) 영 파운데이션이 말하는 창업기회

사회의 구조적 불평등을 해결하기 위해 사회혁신 실천을 목적으로 하는 영국의 비영리, 비정부 싱크 탱크 영 파운데이션은 오늘날 사회가 변화함에 따라 새롭게 등장하는 다양한 사회적 문제에 주목하며, 사회혁신이 필요한 영역을 아래 표 1-5와 같이 정의하였다.

표 1-5. 영 파운데이션에서 제안한 사회혁신영역

번호	사회혁신 내용
1	기대수명 향상으로 인한 연금, 주거, 도시계획, 노인 돌봄 서비스분야
2	기후변화에 따른 탄소배출 감소를 위한 도시, 교통, 주거 환경 등에 대한 재조직의 필요성
3	국가와 도시 단위에서 급증하는 다양성으로부터 비롯되는 학교, 언어교육, 주거 등의 분야에 대한 재조직의 필요성
4	불평등의 심화로 인하여 발생되는 폭력, 정신질환 등 사회적 질병을 해결해야 하는 필요성
5	장기질병 발생률의 상승: 아토피, 우울증, 암, 심장 관련 질병 등 새롭게 등장하는 의학적, 사회적 지원모델의 필요성
6	풍요함에서 비롯된 각종 문제들 예를 들어 비만, 알코올과 약물중독, 도박, 지방과다 등에 대한 혁신적 접근 방법
7	성장기 청소년들로 하여금 안정된 직업, 관계, 삶의 질을 추구하도록 성공정으로 지도할 필요성
8	진정한 행복추구가 물질적 풍요에서 오는 것이 아니라는 자각으로부터 비롯되는 다양한 접근법

* 출처: Young Foundation(2010)

2) 사회기저층 시장의 기회

경제적인 관점에서 사회 기저층(Bottom of the Pyramid) 혹은 사회 하부층은 소득 피라미드의 하층에 존재하는 그룹을 말하며, 하루 2.5달러 미만으로 생활하는 세계 27억 인구를 말한다. 경제학자 Prahald가 그의 저서 The Foundation at the Bottom of the Pyramid에서 인구통계를 수익성 있는 소비자 기반으로 제시하였다(Wikipedia). 또한, Bill Gates가 다보스 포럼에서 '창조적 자본주의를 설파하면서 기업은 자본주의 시장에서 소외되는 빈곤층을 새롭게 해석하여 기업의 기술혁신과 경영 효율성을 도입함으로써 빈곤층의 삶을 개선하고 새로운 시장 기회를 얻을 수 있다고 말하였다. 즉, 저개발국 사회 기저층을 대상으로 한 시장에 관심을 가질 필요가 있으며, 빈곤층을 시장으로 바라보면서 빈곤 지역에 경제발전은 물론 사회발전을 이끄는 새로운 기회가 많이 생겨날 수 있다는 것을 의미한다.

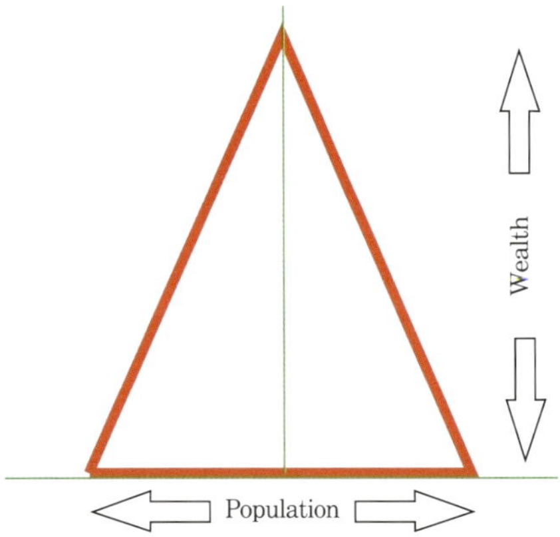

* 출처: Wikipedia(2021)

그림 1-6. 부의 피라미드(The Wealth Pyramid)

3) 비이성적인 사람들의 힘에서 정의한 기회

Elkington과 Hartgan(2008)의 저서 『비이성적인 사람들의 힘』에서 비이성은 정신적 상태를 말하는 것이 아닌, 낡고 오래된 사고방식을 내던지고 새로운 사고방식을 갖추고 진화하는 절차라 말하며, 사회혁신을 위한 그들이 주목해야 하는 10가지 사회문제를 제시하였는데, 그 원래 제목은 '10대 양극화에서 시장기회 발견'이며 그 내용의 요약은 아래 표 1-6과 같다.

표 1-6. 비이성적 사람들에서 발견되는 사회적 문제

제목	내용
인구문제	비대칭적인 인구분포 사회가 겪는 어려움, 도시빈민 등의 문제
금융	소득과 자산의 양극화와 극단적인 부의 불균형
영양	기아, 배고픔, 영양결핍 등에 의한 발육부진, 신체허약 등
에너지와 자원	자원 집약적 농업과 산업의 확산, 천연자원고갈, 에너지 양극화
환경	개발도상국: 깨끗한 식수, 공중위생, 실내외 오염, 자연재해 선진국: 소음, 교통체증, 공기와 물의 오염, 기후변화, 물부족
건강	HIV/AIDS, 말라리아, SARS와 같은 잠복성 광역 전염병 및 예방 가능영역확대
양성평등	여성의 사회적 법적 지위에 대한 문제, 사고와 환경의 변화 필요
교육	부의 창출 과정이 정보와 지식에 의존도가 커짐, 교육의 양극화
디지털화	IT 혁명은 또 다른 양극화 양산, 빈곤층의 신기술 접근성 확보
안전	국제테러리즘, 지역안보, 환경 및 식량안보, 자연재해 등

* 출처: Elkington & Hartgan(2008)

4) SK SE Center에서 정의한 사업기회

KAIST 사회적기업가 MBA 과정은 '소셜의 이슈분석 및 기회탐색 I, II'에서 9개의 소셜 이슈를 선정하고 전문가의 의견을 정리하여 책으로 출간하였는데 책에서 제시한 사회적 이슈에 대한 요약은 아래 표1-7과 같다.

표 1-7. KAIST 사회적기업가 MBA가 제시한 사회적 이슈

제목	내용
도시화와 주택문제	• 한국의 경제성장과 도시화, 주택문제 • 부동산 불패론과 주택정책 • 주거복지 정책의 과제 • 주택문제해결을 위한 사회적기업가의 역할
건강과 보건의료	• 건강과 보건의료의 관점 • 한국보건의료의 현상과 구조 • 새로운 위험과 보건의료 문제의 전망 • 보건의료 문제를 휘한 사회적기업의 가능성
교육	• 한국공교육의 위기 • 한국교육의 현실 • 세계교육개혁의 새로운 흐름 • 새로운 교육실험과 한국교육의 새로운 방향과 사회적 기업가에게 주는 함의
글로벌 빈곤문제와 국제개발협력	• 국제개발협력의 진개 및 과세 • 적정기술과 공정무역을 통한 지속가능한 발전 • 국제개발협력 분야 사회적기업 혹은 기업가의 활동
기후변화와 에너지 지속가능한 발전	• 지속가능한 발전을 위협하는 기후변화 • 기후변화, 에너지 문제와 지속가능발전의 상호 연계 • 기후변화와 에너지의 상호 연계 • 한국의 기후변화 대응정책과 에너지 정책 • 기후변화에 대한 대안적 활동

제목	내용
이민과 다문화	• 이주민 유입과 다문화사회의 도래 • 다문화사회의 심화/ 다문화사회의 빛과 그림자 • 이주민 사회통합 • 이주민과 한국인의 쌍방적응 • 이주민 관련 사회적기업가의 역할
소셜네트워크의 부상과 새로운 기회	• 소셜과 소셜네트워크 • 관계와 정보의 기록 • 빅데이터의 활용과 함의 • 집단지성, 참여와 공유가치의 발현 • 참여와 공유의 가치발견과 사회적기업
문화와 예술	• 문화 자본의 독점화 위기와 위기의식 • 어소시에이션이란 무엇인가? • 생산/소비자 연합 문화 운동
행복의 추구와 삶의 질	• 행복한 삶의 질 • 탈물질주의적 가치의 확산 • 삶의 질과 행복을 중심으로 한 사회적기업 • 사회적기업가에게 주는 성찰

* 출처: 박재환, 전혜진(2014)

Chapter

II

소셜벤처 창업과 운영

SOCIAL
VENTURE
START-UP

II. 소셜벤처 창업과 운영

제 1 장

소셜벤처 창업을 위한 디자인적 사고

1.1 소셜벤처 사업가를 위한 디자인씽킹

미국의 카우프만재단에 의하면 벤처기업 중, 창업 후 5년간 생존한 기업의 절반 이상은 혁신적인 아이디어에서 출발했다고 한다. 소셜벤처는 경제적 이윤 창출을 통하여 회사의 지속가능성을 확보하며, 사회적 가치와 영향을 창출하는 것이 중요하다. 또한, 소셜벤처는 고객의 니즈(Needs)가 무엇인지 정확하게 파악하고 이를 해결하기 위해 창의적이며 혁신적인 아이디어가 필요하다. 창의적인 아이디어는 문제해결에 대하여 혁신적이고 창의적인 디자인에서 출발하며 이러한 프로세스의 운영은 팀 구성원들이 문제해결에 대한 의지와 적극적 참여에서 출발한다.

이번 장에서는 소셜벤처 기업가들이 가져야 하는 창의성에 대한 이해는 물론 창의적 사고를 사업모델로 구체화하는 프로세스인 스탠포드 대학교 d.school 및 더블 다이아몬드 모형의 디자인씽킹을 알아볼 것이다. 또한, 팀 구성원 간의 민주적 의사소통을 통한 혁신적 팀 운영 방법인 액션러닝 기법에 대해 소개하고, 마지막으로 소셜벤처 창업가에게 가장 적합한 문제해결 방식을 제안하기 위해서 디자인씽킹과 액션러닝을 비교하고 이들의 통합모델을 제시하고자 한다.

1) 창의성

창의성은 새로운 생각이나 개념을 찾아내거나 기존에 있던 생각이나 개념들을 새롭게 조합해 내는 것과 연관된 정신적이고 사회적인 과정이다. 다른 표현으로는 창조성이라고도 하며 이에 관한 능력을 창의력, 창조력이라고 한다. 창조력은 의식적이거나 무의식적인 통찰에 힘입어 발휘된다. 창조성에 대한 다른 개념은 '새로운 무엇을 만드는 것'을 말한다(위키백과).

소셜벤처 관점에서 살펴보면 창의성이란 새로운 생각이나 기존의 사고를 재조합하여 얻은 개인적 통찰을 통해 새로운 무엇을 만드는 역량이라 표현할 수 있다. 이는 소셜벤처 차원에서 사회문제 해결과 시장경제에 접근에 적합한 아이디어, 제품 또는 서비스를 새롭게 창출해 내는 것이라고 말할 수 있다.

2) 창의적 디자인씽킹 프로세스

디자인씽킹(Design Thinking)이란 용어는 경제 심리학자 허버트 사이먼(Herbert Simon)의 저서에서 언급된 이후 디자인 전략 컨설팅 회사인 아이데오(IDEO)의 최고경영자(CEO) 팀 브라운(Tim Brown)은 "디자인적 사고는 고객들이 가치 있게 평가하고 시장이 기회를 이용할 수 있으며, 기술적으로 가능한 비즈니스 전략에 대한 요구를 충족시키기 위하여 디자이너의 감수성과 작업방식을 이용한 사고방식이다"라고 정의하였다. 디자인씽킹의 프로세스는 IDEO와 인간중심 디자인씽킹의 3단계 모형 및 스탠퍼드 대학교 d.school에서 제시한 디자인씽킹의 5단계 모형 등이 있다.

IDEO의 3단계 유형은 디자인적 문제 혹은 기회에 대한 해결책을 찾는 동기부여의 환경을 의미하는 영감(Inspiration) 단계, 해결책을 끌어낼 수 있도록 아이디어를 생각하고 발전시켜 테스트하는 발상(Ideation) 단계, 시장진출을 위한 점검과 검토를 하는 실행(Implementation) 단계로 구분된다.

한편, IDEO사는 저개발 국가와 소외된 사회 배려의 하나로 인간중심의 디자인 툴 킷(Human Centered Design Toolkit)을 개발 보급하였

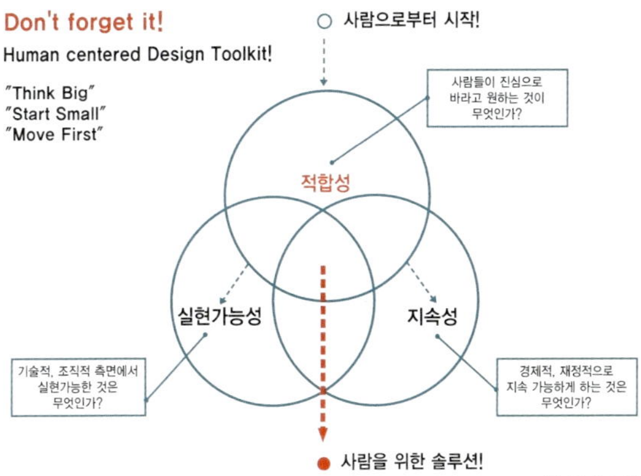

* 출처: IDEO.org(2014)

그림 2-1. 고객중심 디자인 3대 관점

는데 이 모형은 적합성, 실현 가능성, 지속성의 세 가지 관점으로 문제 해결 대안이 제시되어야 한다고 정의하였다(그림 2-1).

인간중심 디자인씽킹 3단계 모델은 사회구성원의 니즈를 수집하고 영감을 얻는 단계인 '듣기(Hear)', 혁신적 시제품을 공동 작업으로 만들어 내는 단계인 '창작(Create)', 창작된 솔루션의 평가와 보완을 하는 단계인 '전달(Deliver)'로 구분된다(김창완, 김화경, 이용우, 2020). 본 교재에서는 디자인씽킹 중 가장 일반적인 d.school의 디자인씽킹을 영국의 디자인 위원회(Design Council)에서 제시한 더블 다이아몬드 모형과 함께 정리했다.

■ d.school의 디자인씽킹

d.school의 디자인씽킹의 프로세스는 고객공감을 통해 문제를 정의하는 과정을 매우 중요하게 여긴다. 고객을 면밀하게 관찰하고, 인터뷰를 통해 고객의 생각을 파악하고, 때로는 직접 체험을 통해 고객의 상황에 몰입하기도 한다. 그렇게 얻은 통찰(Insight)을 바탕으로 문제를 올바르게 해결하는 특징을 갖는다(표 2-1, 그림 2-2).

표 2-1. Design Thinking 프로세스의 내용

단계	내용
1단계	공감(Empathy): 문제, 사람, 상황에 대한 인식 및 공감
2단계	정의(Define): 정확한 해결을 위한 정의
3단계	상상(Ideate): 모든 가능한 상상
4단계	시제품(Prototype): 가장 좋은 개선책으로 시제품 모델 제시 및 제작
5단계	시험(Test): 만들어진 시제품 모델을 공감 단계에서 목적에 맞게 시험

* 출처: 저자편집(2021)

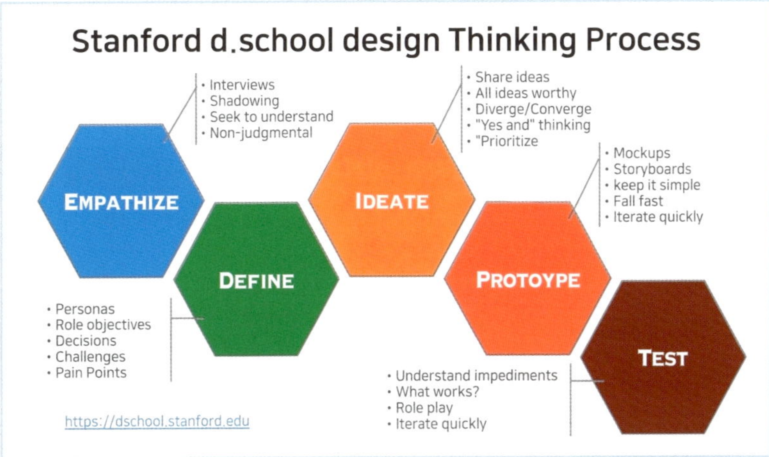

* 출처: Stanford d.school

그림 2-2. 디자인씽킹(Design Thinking) 프로세스

① 공감(Empathy)

공감 단계에서는 고객들이 느끼는 불편을 공감하는 단계로서 고객들이 느끼는 문제를 공감하는 것이 중요하기 때문에 고객에 대한 관점(일인칭 시점), 인터뷰(이인칭 시점), 몰입(삼인칭 시점) 등을 통하여 표면적으로 드러나지 않은 숨겨진 니즈(Needs)를 파악하는 것이 중요하다. 즉, 정량적 방법론인 설문을 통한 통계적 접근의 한계를 극복하기 위하여 다양한 관점에서 관찰, 인터뷰 혹은 장시간의 동행 등의 조사방식을 활용한다.

② 정의(Define)

정의 단계는 공감 단계에서 얻은 영감(Inspiration)을 바탕으로 올바른 문제해결 방법을 찾는 것을 중요하게 강조하는데 이는 잘못된 문제 정의가 다음 단계와 프로젝트에 영향을 미치기 때문이다. 따라서 정의 단계는 소비자 혹은 고객들이 느끼는 불편과 원하는 바를 정확하게 확인하는 과정이라 할 수 있다. 이 단계에서는 수집한 자료로부터 고객의 니즈(Needs)를 확인하여 그들의 명시적/표면적 욕구는 물론 고객 본인도 확실하게 인식하지는 못하지만 해결된다면 큰 감동이 되는 잠재적/심층적 욕구를 찾아 정의하는 역량이 중요하다.

③ 상상(Ideate)

상상 단계는 공감과 정의 단계에서 얻어진 내용을 통하여 고객의 욕구 혹은 문제를 해결하기 위하여 창의적인 아이디어를 도출하는 과정이다. 이 단계에서는 브레인스토밍, 브레인라이팅, 크레이지아이디어, SCAMPER, 마인드맵 등과 같은 다양한 아이디어 발상법으로 창의적이고 혁신적인 아이디어를 도출하는 것이 중요하다.

④ 프로토타입(Prototype)

시제품 혹은 본보기 제품이라 불리는 프로토타입은 도출된 아이디어를 시각적으로 구현하고 그 과정에서 소비자 관점에서 창의적 사고를 확장해 나가는 과정으로 시제품을 빠르고 싸게(Quick & Cheap) 만드는 것을 원칙으로 한다.

⑤ 테스트(Test)

테스트 과정은 제시된 문제해결 방안을 일반인에게 공유하는 활동이다. 즉, 개발된 프로토타입을 고객에게 사용할 기회를 제공함으로써 고객의 의견을 반영하여 제품을 개선하는 과정을 말한다. 고객의 다양한 피드백은 제품의 완성도에 많은 기여가 된다.

■ 더블 다이아몬드 모형

영국의 디자인 위원회(Design Council)에서 2005년에 제시한 더블 다이아몬드 모형은 설계단계를 크게 4가지 영역으로 구분하는데 대상조사(Discover), 문제 정의(Define), 대안개발(Develop), 가치전달(Deliver)의 단계가 순차적으로 이루어져 있다(그림 2-3, 표 2-2).

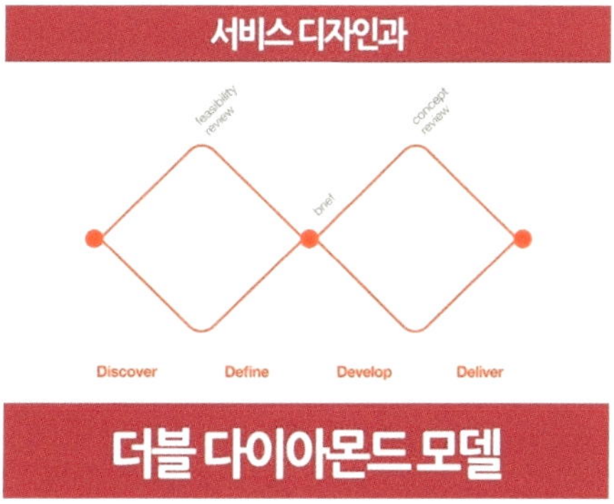

* 출처: Service Design Council(2013)

그림 2-3. 더블 다이아몬드 프로세스

표 2-2. 더블 다이아몬드 모형 구조의 이해

구분	세부내용	사고방법
발견(Discover)	도전과 목표 정의와 문제발견을 위한 자료조사 수집, 해석(설문, 인터뷰, 관찰)	확산(Stretch)
정의(Define)	핵심주제, 문제도출 및 정리단계	수렴(Narrow Down)
개발(Develope)	아이디어 발산, 아이디어 유형화, 해결책 선택의 단계	확산(Stretch)
전달(Deliver)	도출된 해결책을 고객에게 전달하고 피드백하며 사후관리	수렴(Narrow Down)

* 출처: 김진경, 남호정(2015) 내용 재구성

문제의 발견을 위한 탐색 과정에서 시작하여 핵심문제를 도출하고 아이디어를 발산하여 최적의 해결책을 찾아 고객에게 전달하는 과정에서 중첩된 다이아몬드의 형태를 이루는데, 확산과 수렴의 4단계를 거치며 많은 아이디어 도출과 최적의 해결책을 선택함으로써 혁신적이고 창의적인 결과를 산출하는 것에 그 목적이 있다(이령, 최미경, 2011).

3) 액션러닝(Action Learning)

혁신적인 팀 운영기법 중 하나인 액션러닝은 1940년대 영국의 탄광에서 발생하는 문제를 해결하는 데 도입되었다. 그 이후 1980년대 중반 잭 웰치(Jack Welch) 회장(General Electric, CEO)이 액션러닝 기법을 적용하여 전략적인 문제를 성공적으로 해결하며 인재육성의 방법으로 인정받는 등 다양한 비즈니스 영역에서 활용되고 있다.

액션러닝은 경험을 통한 학습이며, 이러한 액션러닝의 특성은 두 가지로 나눌 수 있다. 그 하나는 학습과 실천 그리고 성찰이며, 다른 하나는 과제의 내용적 측면과 해결 과정적 측면 두 가지 모두 초점을 맞춘다는 것이다(김효주, 엄우용, 2014). 장경원, 박수정(2011)은 액션러닝이란 구체적인 계획과 행동을 통해 성찰한 것을 바탕으로 학습하고, 다음 단계를 계획하고 실천하며 또다시 경험하는 순환적 구조를 구성한다고 말하고 있다. 따라서 이러한 순환적 구조를 통하여 액션러닝에 참여하는 학습자는 자신이 당면한 실제 과제에 집중하게 되면서 과제 해결능력, 협동능력, 대인관계 능력 등을 학습하게 된다(김창완, 김화경, 이용우, 2020).

Marquardt & Waddil(2004)의 액션러닝의 구성요소를 크게 6가지로 구분하였는데 그 구성요소는 과제, 학습 팀, 실행 의지, 학습, 질문과 성찰, 그리고 러닝 코치가 그것이다(그림 2-4).

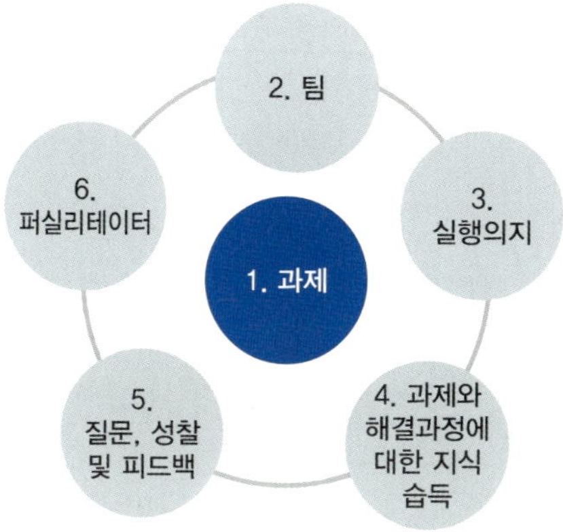

* 출처: 김창완, 김화경, 이용우(2020)

그림 2-4. 액션러닝의 구성요소

액션러닝에서 선택된 과제는 반드시 해결해야 하는 중요하고 긴급한 문제여야 하며, 레그 레반스(Reg Revans)가 말한 것처럼 액션러닝의 기본전제는 행동을 취하지 않으면 아무런 학습도 일어나지 않는다는 것이다(김창완, 김화경, 이용우, 2020).

환경문제가 전 세계의 문제이며 국가 및 지역사회 문제이듯이 이제 현대사회에서 발생하는 사회적 문제는 중요하지 않거나 긴급하지 않은 것이 없는 상황임은 분명하다. 따라서 이들 문제를 실천적으로 해결하기 위한 답을 찾는 과정은 매우 중요한 것이며 액션러닝은 그 해결도구 중 하나가 될 수 있다.

액션러닝 절차는 학자마다 다양하게 제시되고 있는데 박수홍, 안영식, 정주영(2010)은 액션러닝의 절차를 팀 빌딩, 문제 탐색하기, 문제 명료화하기, 가능한 해결책 도출하기, 우선순위 결정하기, 실천계획 작성하기, 실행하기, 평가하기의 단계로 이루어지며 성찰하기는 단계마다 수시로 이루어진다고 정의하였다. 박상혁, 설병문, 박기호(2014)는 액션러닝 절차에 대하여 과제 정의, 과제연구, 해결책 제시와 실행, 성찰의 4단계로 되어 있다고 말했다(그림 2-5, 표 2-3).

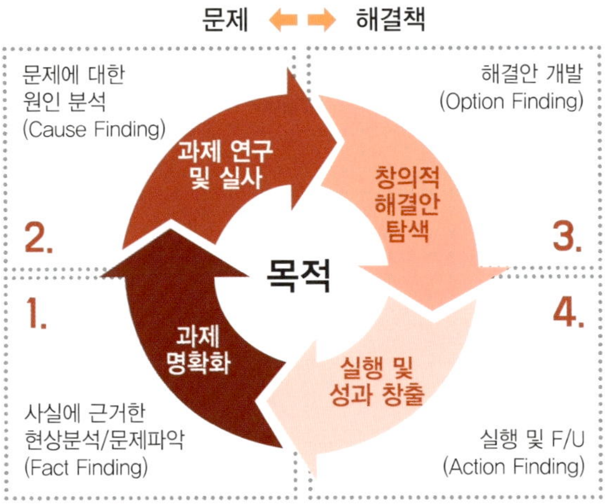

* 출처: 윌스너스(2018)

그림 2-5. 액션러닝 문제해결 프로세스

표 2-3. 액션러닝 절차

문제해결 단계	내용
과제정의	과제를 정의하는 단계로서 과제에 참여하는 구성원들이 과제와 과제의 선정배경을 이해하고 학습하는 단계이다. 구성원들은 문제를 분석하고 대안 제시와 타당성 검증 등을 실행할 수 있는 역량이 준비되어야 한다.
과제연구	과제를 연구하는 단계는 과제해결 절차가 구성원들의 역량으로 해결 및 실행 가능해야 한다. 과제에 대한 쟁점을 분석하고 이것을 검증하기 위한 가설을 수립하며, 가설검증을 위한 계획을 수립하고 검증을 위한 활동을 수행한다.

문제해결 단계	내용
해결책 제시/실행	구성원들은 구체적이고 실행 가능한 해결방안을 도출한다. 도출한 해결방안을 현장에서 실행하고 피드백을 받아서 성찰하고 다시 실행과정을 반복한다.
성찰	구성원들은 과제해결 방안의 효과를 객관적으로 평가하고 계획했던 것만큼 과제해결을 하지 못했다면 완전한 과제해결을 위해 다시 한번 액션러닝을 반복해서 수행하여야 한다.

* 출처: 저자편집(2021)

4) 소셜벤처를 위한 디자인씽킹 그리고 액션러닝 통합모델

(1) 디자인씽킹와 액션러닝 비교

디자인씽킹과 액션러닝의 기능은 문제점을 발견하고 이를 해결하기 위해 아이디어를 도출하고 수렴하며, 해결방안을 모색하고 이를 해결함으로써 변화를 이루어내는 공통점이 있다. 두 방법론의 절차를 비교해 보면 문제를 발견하고 정의하며, 해결책이나 대안을 제시한다는 점에서 유사성을 가지고 있다(박상혁 외, 2016). 그러나 실제 문제를 해결하는 과정에서는 서로 강조하는 부분에서 차이를 발견할 수 있다.

디자인씽킹(Design Thinking)은 문제를 정의하는 과정을 매우 중요시한다. 고객을 면밀하게 관찰하고, 인터뷰를 통하여 고객의 생각을 파악하고 때로는 직접체험으로 고객의 상황에 몰입하기도 한다. 그렇게 현장 관찰을 통해 얻은 인식(Insight)을 바탕으로 문제를 해결하는 데 시간과 노력을 아끼지 않는다.

한편, 액션러닝(Action Learning)은 팀 활동의 중요성을 강조하고 있다. 액션러닝은 프로젝트를 수행하기에 앞서서 언제나 팀 빌딩을 진행하는데 이것은 앞으로 과제를 수행하는 데 있어 팀 구성원의 협업이 중요한 역할을 하기 때문이다. 팀워크는 과제를 해결해 나가는 과정 그리고 최종결과물까지도 영향을 미친다(김창완, 김화경, 이용우, 2020).

디자인씽킹 혹은 액션러닝에 의한 아이템 구성이 팀을 기본으로 이루어질 때 단계별로 깊은 논의 과정을 겪는다는 점에서 효과적이라 말할 수 있지만 소셜벤처 창업에 관련된 사업 아이템 구상을 혼자 하는 경우도 두 가지 방법론을 기반으로 즉, 체계화시킨 디자인씽킹와 액션러닝 기반 소셜창업 아이템을 구축 방법론을 단계적으로 정리해 나가며 사고하면 좋은 결과를 만들어 낼 수 있을 것으로 판단한다(표 2-4).

표 2-4. 디자인씽킹과 액션러닝의 유사점과 차이점

구분	세부목표	디자인씽킹	액션러닝
유사점	목표	문제점 발견 및 혁신(Innovation)	
	결과물	문제점에 대한 해결책이나 대안 제시	
차이점	관찰	정교한 질적 연구 방법을 통하여 심도있는 관찰 수행	프로세스 내 관찰에 대한 비중이 낮음
	팀빌딩중요도	낮음	매우 높음
차이점	팀활동	팀 활동의 중요성에 대한 인식이 낮음	팀 활동의 중요성을 매우 강조함
	과제연구	프로세스 상에 과제에 대한 연구단계가 없음	과제연구 프로세스를 별도로 두어 비중있게 진행함

* 출처: 박상혁 외(2016)

2) 디자인씽킹과 액션러닝 통합모델

박상혁 외(2016)는 디자인씽킹 방법론 프로세스에 액션러닝 장점을 추가하는 통합모형을 제안하였다. 그림2-6에서 제시되는 바와 같이 통합모형은 공감 단계에 들어가기 전에 팀 빌딩 단계를 추가하였고 마지막 단계에 성찰 및 실행을 추가하였다. 그리고 과제연구 개념을 도입하여 디자인씽킹 프로세스 내에 학습 과정을 강화하였다. 문제가 완료되고 대안개발과 가치전달 이후에 성찰과 실행 단계를 추가함으로써 도출한 해결책에 대하여 객관적인 평가를 실행할 수 있어 만족스러운 문제 해결책을 유도하도록 하였다(김창완, 김화경, 이용우, 2020).

통합모델을 살펴보면, 액션러닝에서 강조한 바와 같이 팀 빌딩을 통해 팀 활동과 팀 협업을 강화하여 최적의 팀을 구성한다. 최적의 팀 구성은 소셜벤처 아이템 구축 및 비즈니스 모델 개발에 있어 상호 간의 협업을 통하여 학습은 물론 최적의 결과를 만드는 바탕이 된다.

과제 선정과정에서 디자인씽킹 프로세스의 첫 단계인 공감(Empathy) 단계를 강화하였다. 고객을 제삼자 관점에서 자세히 관찰하고 인터뷰 및

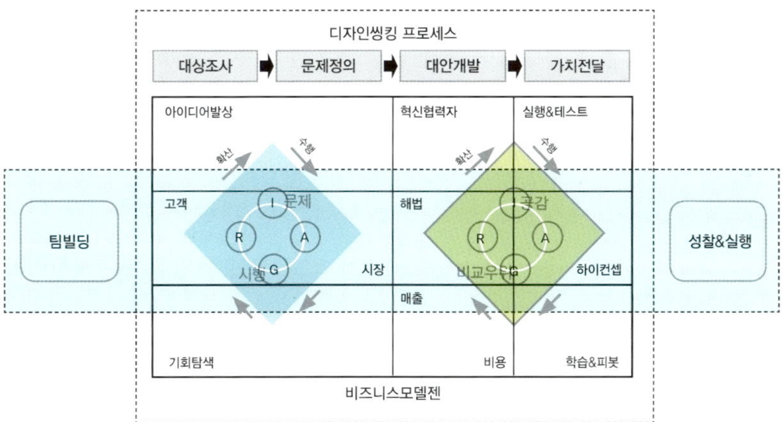

I : ice breaking / A : agenda / G : ground rule / R : reflection

* 출처: 박상혁 외(2016)

그림 2-6. 디자인씽킹과 액션러닝 통합모델

설문 조사를 진행한 후 고객 자신이 되어 몰입해 보는 단계를 거치며 수용자(고객)의 표면적 그리고 내면의 니즈(Needs)에 대한 공감을 통하여 얻은 영감(Insight)을 바탕으로 문제를 정확하게 정의(Define)한다(그림 2-6).

팀 구성원들이 과제를 수행하는 과정에서 중요한 것은 의사소통 역량이다. 액션러닝 프로세스 안에서는 특히 이러한 부분을 강조하고 있다. 의사소통에는 질문, 칭찬과 격려, 경청을 포함하며 특히 좋은 질문은 문제를 해결하는 데 중요한 요소일 뿐 아니라 구성원 상호 간에도 학습이 일어난다. 즉, 질문을 통한 통찰력과 팀 결속력 및 구성원 간 상호결속력과 상호존중의 결과를 만들어 낸다.

다음은 아이디어의 발산과 수렴 단계인데 창의적 아이디어에 대한 양적 발산은 그냥 이루어지지 않는다. 창의적 생각을 돕기 위한 여러 가지 방법을 제시하고 실습을 병행하면 그 효과가 더욱 크다. 마인드맵(Mind Map), 명목 집단법을 활용한 브레인스토밍(Brain storming), 브레인라이팅(Brain writing), 스캠퍼(SCAMPER), TRIZ 4.0 발명원리 등이 그 예이다.

그리고 발산된 아이디어를 수렴하는 방법으로는 멀티 보팅(Multi-voting)이나 의사결정 그리드(Decision Grid) 등을 사용한다. 과제의 정의 단계에서는 과제선정 배경과 주요 내용 등 과제를 정확하게 알고 공감하는 단계이다. 따라서 과제이해를 위한 구체적 학습을 위해 현황과 문제점을 파악하며, 현재 모습(As-is)에서 과제해결 후 바람직한 모습(To-be)을 구성원과 공유한다. 공감을 통하여 발견한 문제를 누가(Who), 무엇을(What), 왜(Why)를 기반으로 문제 정의문을 작성한다.

과제 정의에 도움을 주는 방법으로는 페르소나를 만들어 보는 것이다. 가상의 대표적인 고객을 정해서 나이, 직업, 성격 등을 구체적으로 정의하고 고객의 행동 양식과 경험을 예측해 보는 것이다. 과제 연구단계는 팀 구성원들의 의견을 수렴하여 쟁점 사항을 분석하고, 분석 결과에 따라 가설을 수립한 후에 타당성을 검증한다. 그리고 그 결과로부터 시사점을 도출하여 과제해결을 위한 구체적인 핵심 기술문을 만든다.

디자인씽킹 프로세스의 가치전달 단계에서는 비즈니스 모델을 적용하여 시장(환경)분석, 핵심고객 정의, 제품과 서비스의 정의와 차별화, 핵심역량, 핵심가치, 고객이 불편한 것과 고객이 얻을 수 있는 것 등을 분석함으로써 아이템을 구체화한다. 해결방안 개발 단계에서는 팀 구성원들의 과제해결을 위한 다양한 아이디어 도출이 바탕이 된다. 도출된 아이디어에 대한 객관적 평가와 선택을 위해 의사결정 그리드 등의 방법이 활용된다.

프로토타입(Prototype)은 빠르게 생각한 바를 시각적으로 보여주며 아이디어를 현실적으로 구체적으로 만드는 절차이다. 또한, 아이디어를 실현해서 구체화하고 그 과정에서 사고를 확장해 가는 데 도움을 준다. 그 방법으로는 주위에서 손쉽게 구할 수 있는 재료를 사용하여 낮은 완성도의 시제품을 만들 수 있다. 또한, 이미지나 스케치 작업을 통하여 전체적인 고객 경험을 상상하여 그림을 그리는 스토리보드 방법이 있다.

다음 단계는 문서작성과 프리젠테이션 역량향상을 위한 단계로 블랭크 차트(Blank chart)작성 방법 학습을 통해 과제선정 배경, 환경분석, 제품(작품) 소개, 차별화, 시장성, 기대사항 등을 논리적으로 구성하고 발표할 수 있도록 한다. 성찰과 실행 단계에서는 검증된 결과를 바탕으로 해결방안을 실행하고 성과를 창출하는 단계이다. 성찰은 매번 팀 미팅이 끝난 후에 진행하며 성찰을 통하여 개선점을 과제 수행 실행에 적용한다(김창완, 김화경, 이용우, 2020).

소셜벤처의 아이템 개발과 사업 시행을 위한 비즈니스 모델 개발은 위에서 보인 통합모델을 기준으로 소셜벤처 팀 구성, 사회문제 인식과 이에 대한 정교한 질적 연구 방법을 통하여 수요자(소비자 포함)에 대한 심도 있는 관찰을 수행하고, 문제점으로부터 소비자의 니즈(Needs)의 발견 및 문제해결을 위한 혁신(Innovation) 아이템을 구상한다.

이후 구상된 혁신의 아이템으로부터 경제적, 사회적 지속가능성을 확인하고, 그 대안을 제시하며 비즈니스 모델을 구축하는 일련의 모델과 각 단계 및 최종단계에 있어 사안에 대한 성찰과 실행을 반복한다는 점에서 위에서 언급한 소셜벤처를 위한 디자인씽킹과 액션러닝 기법의 활용은 그 실현 가능성은 물론 효용성이 높을 것으로 판단된다. 이러한 관점에서 본 교재를 활용하는 경우 소셜벤처 아이템 결정 및 테스트 프로세스에 대하여 디자인씽킹 방법에 대한 이해를 기반으로 팀 구성원 간에 토론과 논의 그리고 성찰의 과정을 액션러닝을 통하여 정리하는 것을 권장한다. 또한, 두 과정을 함께 정리하여 결과를 토출하는 디자인씽킹과 액션러닝 통합모델을 사용하는 것을 권장한다.

1.2 소셜벤처 디자인 실행 툴

소셜벤처 창업가 혹은 창업을 구상하는 사람에게 창의적으로 사고하는 것은 필수적인 사안이다. 그러나 창업을 위한 디자인적 사고와 이를 통한 사업모델을 구축하는 것은 세부적인 실행 방안의 반복적 실행과 이를 통한 타당한 결과를 필요로 한다. 그것은 디자인 팀 빌딩과 팀 활동 내용 정의, 아이디어 도출 방법론과 의사결정 방법론 그리고 팀 소통의 핵심요소에 대한 이해와 최종적으로는 전체과정에 대한 성찰의 시간을 갖는 것을 의미한다. 교재에서는 앞서 말한 일련의 과정을 실험적 과정을 통하여 습득할 수 있는 데 목적을 두어 일반적인 내용을 설명하고자 한다.

(1) 디자인 팀 빌딩과 진행방법

팀 빌딩의 목적은 팀원 간 신뢰를 기반으로 단합 및 의사소통 역량을 강화하고 역할과 책임에 근거하는 업무의 분장과 팀 구성원의 협동을 통하여 업무의 효율성을 제고하는 것에 있다. 팀 빌딩은 광의의 개념에서 '업무집단의 구성원들이 집단의 과정과 상황의 상호 관련성을 이해하고, 집단과정의 원칙과 기술을 배워서 일상 업무 활동에 적용하여 집단 효율성을 증진 시키는 집단 개발 행동'이라고 정의할 수 있다(Burke, 1982).

팀 빌딩을 위한 첫 번째 활동은 팀 구성원들의 자기소개이다. 자기소개는 팀 중심활동이 이루어지기 전에 구성원들이 서로를 알기 위해 수행해야 하는 가장 기본적인 활동이기도 하다. 구성원들은 자신이 속한 팀의 구성원들이 어떤 사람인지를 알고, 각자의 역할을 결정하는 기회를 마련해야 한다.

구성원들은 저마다 특유의 흥미와 배경을 가지고 있어 나름대로 독특하고 중요한 일에 기여가 가능하다. 팀 빌딩을 진행할 때는 소속(직장, 학교), 나이, 전공, 등에 대한 기본 정보 외에 관심 사항, 미래에 대한 계획, 경험한 일들, 좋아하는 영화, 과제와 관련된 경험, 흥미 등에 대하여 자세하고 재미있게 이야기하며 서로 간의 궁금한 사항에 대하여 질문한다. 팀 구성원들 간의 소개와 인사가 끝나면 팀 명칭, 팀 구호 및 그라운드 룰을 정한다(김창완, 김화경, 이용우, 2020).

① 아이스 브레이크(Ice-Break)

아이스 브레이크는 '얼음 깨기'라는 의미로 서먹한 분위기를 깨뜨리고 팀 목표를 이루어 나갈 수 있도록 최상의 분위기를 만드는 것을 말한다. 모임이나 팀 활동의 시작될 때나 회의에 몰입하기 위하여 짧은 시간에 운영하는 방법이다. 아이스 브레이크는 팀원의 성격, 회의 분위기, 인원수, 장소 등을 고려하여 진행하며 전원이 참석할 수 있도록 진행하여야 효과가 있다.

② 팀 명칭 및 구호 만들기

팀 명칭을 결정하는 것은 명목 집단법(Nominal Group Technique, NGT) 방식을 활용이 적합하다. 팀원들의 팀 명칭 아이디어를 포스트잇에 한가지씩 적고, 그 다음 각자 작성한 내용의 의미를 설명한 후 멀티보팅(Multi-voting)으로 한 개의 아이디어를 선택하여 팀 명칭을 결정한다. 팀 구호는 팀원들 간에 소속감 고취와 에너지를 올리기 위함이며 결정방식은 팀 명칭 결정방식과 같다.

③ 그라운드 룰 결정하기

그라운드 룰은 회의, 수업, 팀 미팅 등의 협업 상황에서 구성원들이 반드시 지켜야 하는 행동의 기본 규칙을 말한다. 결정방식은 팀 명칭, 팀 구호 결정할 때와 같지만 그라운드 룰을 결정할 때 중요한 점은 그 내용이 구체적이고 명료하여 팀원들이 규칙준수 여부를 확인할 수 있는 문장이어야 한다.

(3) 아이디어 도출을 위한 실행방안

창의적 아이디어를 도출하는 대표적 방식은 명목 집단법, 브레인 라이팅(Brain writing) 및 디딤돌(방패연) 등이며 그 이외에도 여러 가지 방식이 있다.

① 명목집단법

명목 집단법의 정의는 참가자 각자가 다른 사람과 이야기 없이 토의 주제에 대한 각자의 생각을 정리할 수 있도록 일정한 시간을 부여하는 것이다. 다른 사람과 이야기 없이 각자 작업하는 동안에는 명목상으로는 집단이지만 실제로는 개인적으로 작업하고 있음을 강조하기 위하여 명목 집단법(Nominal Group Technique, NGT)라 부른다(표 2-5). 이 방식의 효과는 정제된 단어와 문장사용을 통하여 토론 시간을 절약하고, 구성원들이 적극적 참가를 유도할 수 있으며, 팀원이 의견을 이야기하는 동안 타인의 의견을 경청하는 것이 가능하다(김창완, 김화경, 이용우, 2020).

표 2-5. 명목집단법(NGT)을 활용하여 아이디어를 결정하는 방법

팀원 및 팀장활동	활동 내용
1) 아이디어 도출	각자 포스트잇을 활용하여 아이디어를 생각하여 적는 시간은 2~3분으로 한다. 주의할 것은 아이디어를 적는 동안 자유로운 발상을 위하여 다른 팀과 대화를 하지 않는다.
2) 아이디어 붙이기	한 사람씩 전지에 붙인 자신의 아이디어를 설명하고 같은 내용이 나오면 하나로 모으면서 정리한다.
3) 아이디어 설명	아이디어 제안자가 자신이 제안한 아이디어에 대해 설명을 하고, 내용이 모호하거나 뜻을 이해하기 어려운 것은 질문을 통해 명료구체화한다.
4) 논의	기록된 모든 의견에 대한 장단점 및 타당성에 대해 논의한다.

팀원 및 팀장활동	활동 내용
5) 투표	집단은 아이디어에 대한 우선순위를 묻는 투표를 하여 최종적으로 가장 많이 점수를 얻은 아이디어를 선택한다. 투표하는 방식은 포스트잇에 스티커를 붙이는 방식으로 하는 것이 적당하며, 팀원들이 하나, 둘, 셋을 외치며 동시에 스티커를 붙이는데 이는 다른 팀원들에게 영향을 받지 않고 주관적으로 아이디어를 선택하기 위함이다.

* 출처: 저자편집(2021)

② 브레인 라이팅(Brain writing)

이 방식은 타인의 아이디어를 보고 관점을 전환하여 새로운 아이디어를 창출하는 방식으로 진행방식은 다음과 같다.

- 각자 A4 종이 상단에 아이디어가 필요한 주제를 쓰고 주제 아래 포스트잇 4장을 좌우에 붙인다.
- 첫 번째 줄 포스트잇에 자신의 아이디어를 2개 적는다. 그리고 오른쪽에 앉아 있는 사람에게 A4용지를 준다.
- 왼쪽에 앉아 있는 사람이 쓴 아이디어를 보고 발전시켜서 자신의 아이디어를 두 번째 줄 포스트잇에 2개씩 적는다.
- 이와 같은 방식을 계속 진행한다.
- 아이디어 창출이 끝나면, 아이디어 종이를 돌려가며 읽으면서 구성원들이 판단할 때 가장 논의에 적합한 아이디어에 스티커를 붙이거나 표시를 한다.

③ 디딤돌

디딤돌(방패연, 생각의 피자판)은 핵심단어 또는 아이디어 기술문을 중심으로 이것과 연상되는 단어를 적어 나가며 아이디어를 보태는 방법이다. 짧은 시간에 많은 아이디어를 도출할 수 있다는 장점이 있다(그림 2-7).

- 전지를 이용하여 아래 사진과 같은 방사형을 그린다.
- 중앙에 있는 작은 원에 특정 물건 또는 대상을 적어본다.
- 특정 물건 또는 대상이 적힌 원의 다음 원에는 중앙에 적힌 단어의 특성 또는 떠오르는 단어를 적는다. 즉, 특정 물건의 경우는 물건에 대한 속성이나 기능을 넣어본다. 대상의 경우에는 대상이 가지고 있는 특성 또는 떠오르는 단어를 적어본다.
- 중앙에 있는 물건 또는 대상 단어 대신에 원래 해결하고자 했던 핵심이슈 기술문을 포스트잇에 적어서 중앙의 원에 붙인다.
- 핵심이슈 기술문의 경우 '무엇을 하면?'에 대한 방법적인 이슈를 구체적으로 표현한다.
- 두 번째 원에 기록된 단어를 중앙원에 붙어있는 핵심이슈 기술문을 해결할 방안을 연상하여 아이디어를 도출한다.

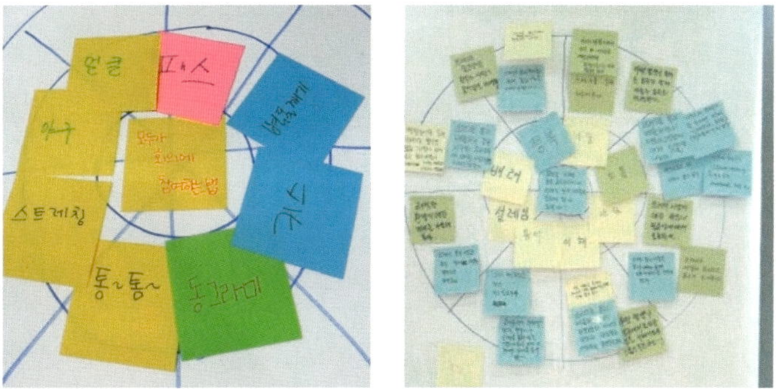

* 출처: 도담도담, 커나가는 이야기(2014)

그림 2-7. 디딤돌 의견 제시 사례

(4) 팀 의사결정

① 멀티 보팅(Multi-Voting)

멀티 보팅은 다양한 의견을 공통된 주제로 분류하고 가장 좋다고 생각되는 의견에 스티커를 붙여 가장 많은 수의 스티커가 붙여진 순서로 아이디어를 채택하는 방식이다(그림 2-8).

- 각자 제안한 아이디어를 팀원 모두가 잘 이해할 수 있도록 각 아이디어에 대해 설명한다. 이때, 동일한 아이디어는 하나로 합친다.
- 아이디어에 번호를 부여한다.
- 투표기준을 정하고 각자 마음속으로 결정한 아이디어를 골라 동시에 스티커를 붙이거나 표시한다.
- 한 사람이 몇 개의 아이디어에 투표할 것인가에 대하여 안내한다.
- 인당 아이디어 개수를 정하는 방법은 아이디어 개수를 2로 나눈 수에 1을 뺀 수가 개인이 정해야 하는 아이디어 개수이다.

$$\text{인당투표수} = \frac{(\text{아이디어개수})}{2} - 1$$

*출처: 김창완 외(2020)

예를 들어 아이디어 개수가 8개이면 $3 = \frac{(8)}{2} - 1$ 식과 같이 스티커는 개인당 3개를 가지고 투표를 하면 된다.

그림 2-8. 멀티보팅 사례

② 의사결정 그리드(Decision Grid)

의사결정 그리드는 의사결정 선택이 가능한 여러 가지 대안 중에서 각자가 추구하는 목적에 적합한 하나를 선택하는 것이다. 이때 정보를 행과 열로 표시하며, 가로와 세로축의 기준설정이 중요하다. 예를 들면, 빈도×강도, 중요도×긴급도, 기대효과×실행 용이성 등이다(그림 2-9).

- 의사결정 기준을 정한다. 의사결정 기준은 명목 집단법(NGT)을 활용하거나 논의를 통해 정한다.
- 의사결정 그리드의 X축과 Y축에 결정된 두 기준을 기재한다.
- 팀 구성원들이 제출한 아이디어들 또는 선택해야 하는 아이디어들 각각에 대한 논의 후 의사결정 그리드 위에 해당 위치에 붙인다.
- 두 기준에 대해 가장 높은 점수를 받은 의견 또는 아이디어를 선택한다. 이때 모든 의견 또는 아이디어들이 점선 밖에 위치하면 어느 것도 택하지 않고 다른 아이디어를 도출하도록 한다.

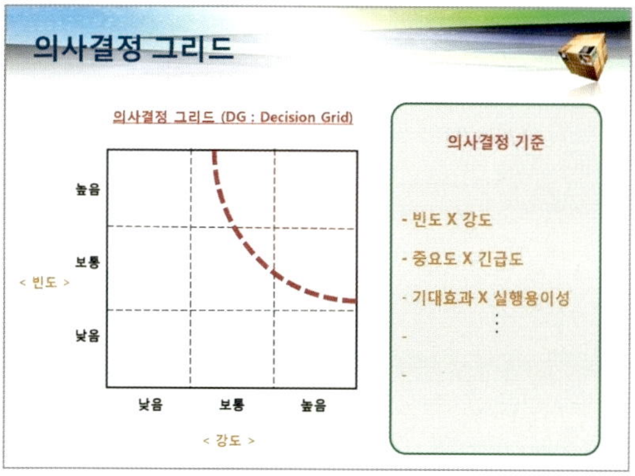

* 출처: 장경원, 박수정(2011)

그림 2-9. 의사결정 그리드

(5) 팀 소통의 핵심요소

소통이란 의미를 나누고 공유하는 것이다. 팀 활동이 시작되면, 구성원 간 자유로운 생각을 나누고 아이디어를 도출하는 등 본격적으로 깊이 있는 작품 활동 또는 프로젝트를 수행한다. 이때, 팀 구성원 간 내적 에너지를 끌어내고 서로 신뢰하며 깊이 있는 활동을 위해서는 소통과정이 매우 중요하다. 상호 신뢰를 높이기 위한 소통 방법에는 경청, 질문, 칭찬과 격려가 있다(김창완, 김화경, 이용우, 2020).

① 경청(敬聽)

경청은 상대방의 이야기를 진지하게 듣는 것이다. 영어에서는 Hear가 아니라 Listen에 해당한다. 한자어에는 상대방을 존중하는 마음으로 진지하게 듣고 그 의미를 새긴다는 뜻이다. 경청을 잘하게 되면 신경을 집중하여 귀를 기울여 잘 듣는 자세가 된다.

경청을 잘하는 맞장구 방법은 이야기의 마지막 단어를 반복하거나 이야기 속의 키워드를 반복해 주는데 이것은 상대가 하는 말 가운데 핵심

경청 스킬

- 먼저 말하는 사람 방향으로 앉는다.
- 상대방의 눈을 본다.
- 상대방이 말하는 중에 고개를 끄덕여 준다.
- 상대방의 말을 듣는 중에 공감이 가는 내용이 있으면 "아~", "그렇군요", "그런 이야기였군요" 등을 이야기 한다.
- 내가 정말 공감할 수 있는 말이 나오면 무릎을 탁하고 쳐주는 동작을 보여 준다.

적인 말을 찾아내어 그대로 되풀이해 주는 기법이다. 또는 이야기를 자신의 언어로 이야기를 반복하기도 한다. 한편, 경청은 무엇보다 중요한데 경청하는 자세는 다음과 같으며 이러한 행동은 상대방에게 신뢰를 심어주며 더욱 많은 이야기를 나누고 싶어 하도록 만드는 효과를 가진다.

소셜벤처 주제선정 및 작업 수행과정에서 경청이 중요한 이유는 과제 수행을 하면 팀원들은 잦은 회의를 통하여 다양한 의견 그리고 아이디어를 나누어야 한다. 이때 다양한 시각을 가진 팀원들이 서로의 의견을 존중하며 새로운 아이디어를 수용할 수 있어야 혁신적인 아이디어를 만들어 낼 수 있는 기반이 된다.

② 질문

질문에는 여러 가지 유형이 있으나 구성원의 생각을 자극하고 사고의 새로운 확장에 도움을 줄 수 있는가 없는가에 따라서 세 가지 유형으로 분류된다.

첫 번째 유형은 열린 질문과 닫힌 질문이다. 닫힌 질문은 답이 '예 또는 아니요'의 형태로 답변이 나오도록 하는 질문이다. 이와 반대로 열린 질문은 질문에 대한 자기 생각을 포함하여 답변하게 된다. 예를 들면 '오늘 회의가 도움이 되었어?'(닫힌 질문)보다는 '오늘 회의를 통해서 우리가 학습한 것은 무엇일까?'(열린 질문)가 좋은 질문이라 할 수 있다. 열린 질문을 잘 쓰면 사람들의 생각을 촉진하고 새로운 정보를 접할 수 있다.

둘째는 중립적 질문과 의도성 질문이다. 중립적 질문은 상대방이 어느 한쪽에 치우치지 않고 자유로운 판단을 할 수 있도록 한다. 반면 의

도성 질문은 상대방의 생각이나 판단에 영향을 주게 되어 질문자가 의도하는 방향으로 답변을 유도한다. '아이디어를 내는 방법으로 브레인스토밍은 어떨까?'(의도성 질문)보다는 '아이디어를 다량으로 만들기 위해 어떤 방법이 우리에게 가장 적합할까?'(중립적 질문)라고 질문하는 것이 바람직하다.

마지막으로 대안 탐색형 질문과 책임 추궁형 질문이 있다. 표현 그대로 '발표 자료를 왜 준비 안 했나요?'(책임 추궁형)처럼 상대방을 질책하거나 책임을 묻는 말이 아닌 '발표 자료 준비를 위해서 우리가 추가로 보완해야 할 부분들은 무엇이 있을까?'(탐색형)라는 질문처럼 상대방이 더 큰 시각으로 발전적인 방안을 생각할 수 있도록 하는 형식의 질문이다.

소셜벤처는 특성상 다양한 배경과 가치를 가진 사람들이 모일 가능성이 있다. 다양한 구성원들의 생각을 자유롭게 수렴하기 위해서는 조직의 리더와 모임의 주최자를 포함하여 구성원들이 열린, 중립적인, 탐색적인 질문을 통해 적극적으로 아이디어를 수렴하는 전략이 필요하고 나아가 소셜벤처의 문화로 이식되어야 할 부분이다.

③ 칭찬과 격려

칭찬은 인간관계에 있어서 촉매제 또는 유활유와 같은 역할을 한다. 촉매제는 물질과 물질 간 작용하여 서로 합쳐져 반응 속도에 변화를 주는데, 인간관계에서는 칭찬이 그 구실을 한다. 즉, 칭찬은 팀원들이 업무를 진행하거나, 회의에서 다양한 의견을 개진하게 하거나, 프로젝트에서 역할을 충실히 수행할 수 있도록 도움을 주는 역할을 한다. 또한 상황을 변화시키거나, 팀 활동에 마찰이 있을 때, 그 마찰을 완화하거나 긍정적인 상황으로 변화시킬 때 중요한 역할을 한다.

칭찬은 관심과 관찰에서 시작한다. 관심과 관찰이 있을 때 비로소 구체적이고 진정성 있는 칭찬을 할 수 있다. 그런 점에서 상대방에게 감동을 줄 수 있는 것이다. 한편, 칭찬보다 강력한 것은 격려다. 격려는 '나는 할 수 없다'는 마음을 '나는 할 수 있다'는 마음으로 변화하도록 촉진하며, 상대방에게 용기, 자신감, 존재 인정, 소속감을 주게 된다. 즉, 격려란 존중과 배려의 마음으로 지지, 인정, 칭찬, 수용하는 것이며 용기와 자신감을 가지고 살아가도록 돕는 말과 행동을 말한다.

칭찬과 격려의 차이점은 칭찬은 무엇인가 잘했을 경우 할 수 있는 말이지만 격려는 일을 잘했거나, 또는 못했을 때나 모두 사용할 수 있는 것으로 조금 더 폭넓게 활용할 수 있다는 점에서 유용하다.

태생적으로 혁신 활동과 사회적 가치실현을 함께 고려해야 하는 소셜벤처는 다양한 가치의 혼재로 인한 구성원들 간 이해의 상충과 의견 대립의 기회가 일반 조직이나 기업보다 훨씬 많이 있게 된다. 이러한 환경에서 CEO와 리더가 구성원을 대상으로 칭찬과 격려를 이식하면 조직이 긍정적인 모습으로 변화하고 이로 인해 의견개진과 실행이 촉발되는 조직 분위기가 조성될 것이다.

(6) 성찰

성찰은 지식을 행동으로 옮길 수 있는 효과적인 방법이며, '매일매일 크고 작은 것들을 하나하나 깨뜨려 나가는 것'이라고 정의한다. 성찰은 새로운 지식 습득의 과정에서 성찰을 통하여 행동을 변화시키고 문제를 해결할 수 있는 단서를 얻게 된다. 성찰은 통찰력을 확보하고, 다음에

해야 할 일을 아무도 모르는 상황에서 즉, 무지와 혼란의 상태에서 신선한 질문을 던질 수 있는 능력을 개발할 수 있게 한다. 성찰하는 방법에는 여러 가지가 있으나 실행 후 소감 나누기와 실행 결과를 그림으로 그려서 정리하는 방법 두 가지가 있다.

성찰의 방법으로 전체과정을 통하여 배운 점, 느낀 점, 실행 다짐을 포스트잇에 적은 후 팀원들이 돌아가면서 자기가 적은 성찰 내용을 공유하는 방법이 있다(그림 2-10).

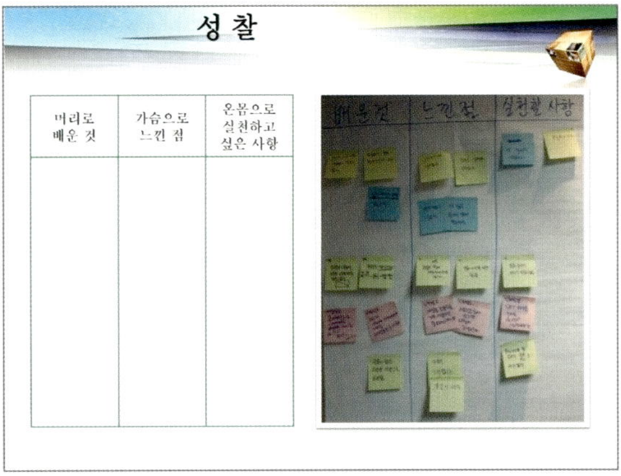

* 출처: 장경원, 박수정(2011)

그림 2-10. 성찰내용 정리사례

다음으로는 실행 혹은 토의 결과를 그림으로 공유하는 방식이 있는데 참여자가 리더가 제시한 성찰의 주제를 바탕으로 자신이 학습한 내용을 이미지로 그리게 한 후 팀 혹은 전체와 공유하도록 하는 방식이다. 그림으로 나누는 방식은 사람들에게 새로운 자극을 통해 추가로 혁신적인 아이디어를 만들어 낼 기회가 된다(그림 2-11).

* 출처: 김창완 외(2020)

그림 2-11. 그림으로 표현하는 성찰사례

소셜벤처 창업가에게는 학습의 과정이 시시때때로 요구된다. 가장 효과적인 학습은 자신이 배운 내용을 실천한 후 그것을 남들에게 가르칠 때라고 보고되고 있다. 그것이 개인뿐만 아니라 소셜벤처를 구성하고 있는 모든 구성원이 다양한 프로젝트를 실행하면서 발생하는 문제를 성찰 과정을 통해 나누게 된다면 구성원 X 프로젝트 수만큼의 학습의 기회가 생기게 될 것이다.

소셜벤처는 혁신성과 사회 가치를 함께 보유한 자생력 있는 기업이다. 기업을 운영하는 과정에서 시간과 자원의 부족으로 기존기업과 같은 비효율적인 학습문화를 답습하는 것은 소셜벤처의 특성과 배치된다고 하겠다. 우선 보고와 회의문화를 질문, 칭찬과 격려, 성찰이 자연스럽게 실행되는 시간으로 바꾸는 것을 조심스럽게 제안해 본다.

제 2 장

소셜벤처 디자인

소셜벤처 창업가들은 창업 기회를 인식하고 그 기회를 사업으로 연계하는 과정을 거치게 되는데 이는 크게 두 단계로 이루어진다. 첫 번째는 소셜벤처 창업가가 사회적 니즈(Social needs)와 관련된 사회적으로 활용 가능한 자원에 대한 이해를 바탕으로, 정치, 경제, 사회, 기술 변화 및 개인적 경험을 통하여 아이디어를 도출하고 개발하는 단계이다. 두 번째는 도출된 아이디어를 최적의 사업 기회로 연계하는 단계로서 사업을 운영하는 환경에 대한 이해와 비즈니스 모델을 구성하는 단계를 거치게 된다. 이를 통해 사업 수행을 통해 경제적 성공을 통해 사회적 영향력을 미칠 수 있는 과정으로 연계된다(그림 2-12).

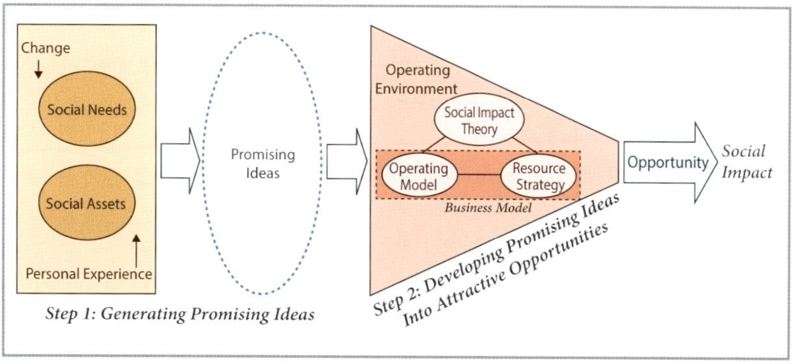

* 출처: Guclu, Dees, & Anderson(2002)

그림 2-12. 소셜벤처 창업기회 창출과정

한편, 소셜벤처 창업 활동 과정은 다섯 단계로 분류하고 있는데 소셜벤처 창업가는 창업 과정에 대하여 정리하고 명확하게 표현할 수 있어야 한다. 처음의 기회 인식 과정과 개념개발과정은 소셜벤처 창업기회 창출 과정과 같지만, 창업 활동 과정에는 자원의 결정과 확보, 출범 및 성장, 그리고 마지막으로 목표성취 등의 과정이 더 포함된다(그림 2-13).

첫째는 사회적 기회를 인식하는 것에서 출발한다. 기회 인식은 소셜벤처 창업가의 경우 사회적 가치를 창출하는 기회를 인식하는 것으로, 일반 창업자가 수익 창출의 기회를 중심으로 바라보는 것과 차이를 보인다.

둘째는 개념의 개발이다. 인식한 기회를 구체적이고 실현 가능한 비즈니스 모델과 소비자에게 전달할 수 있는 상품으로 만드는 과정이다.

셋째는 자원의 결정과 확보 과정인데, 창업가가 창업 활동을 추진하는 과정에서 부족하거나 필요로 하는 자원을 확보하는 과정이다. 이 과정에서 창업자는 투자자의 관점에서 이해할 수 있는 사업계획서 작성을 요구

받게 된다. 그리고 소셜벤처 창업가의 경우에는 자신의 창업 아이템에 대해 투자자들이 제기할 수 있는 시장, 성장, 팀, 비전 등의 질문에 대하여 방안과 대안적 가치에 대한 명료한 답변을 준비하고 있어야 한다.

넷째는 출범 및 성장 과정이다. 소셜벤처 창업가는 소셜미션(Social mission)과 경제적 이익이라는 두 가지 모두를 추구해야 하는 숙제를 안고 있다. 따라서 두 가지 미션 영역에 대해 회사의 성장전략과 목표로 전환하고 이를 일관되게 계획하고 구성원들과 기업과 연계된 관계자들에게 제시하여야 한다.

마지막으로 소셜벤처가 가진 목표를 성취하는 단계이다. 최초에 설정한 소셜벤처의 목표, 예를 들면 목표한 시장에 진출하고 시장에서 안정적으로 제품이나 서비스가 판매되고 있는 등 목표가 성취된 상태이다. 이때 소셜벤처는 새로운 사업 기회를 추가하거나, 기존 시장에서의 지위 확대 또는 새로운 시장진출 등을 위해 타 기업과의 통합도 함께 고려해야 한다.

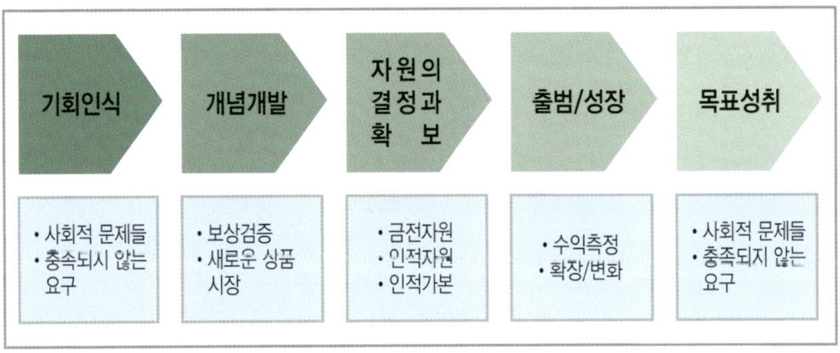

* 출저: Brooks(2009)

그림 2-13. 소셜벤처 창업활동 과정

위에서 언급한 단계는 소셜벤처 기회 창출과 창업 활동에 대한 개념

정립과 프로세스를 이해하는 데 도움을 줄 수 있다. 그러나 창업 단계별로 구체적으로 실천할 내용이 추가로 제시되어야 소셜벤처 창업가에게 실행 단계에서 도움이 될 수 있을 것이다.

따라서 창업기회의 인식, 창업 활동과정에 적절하게 활용될 수 있는 협력적 실천방법론인 액션러닝과 고객 공감 기반의 문제해결 프로그램인 디자인씽킹 방법론을 제시하고자 한다.

소셜벤처를 위한 디자인씽킹과 액션러닝을 활용한 통합모델의 구현은 앞에서 설명한 바와 같이 액션러닝의 팀 빌딩으로부터 시작되어 디자인씽킹의 고객공감, 문제 정의, 아이디어 도출, 프로토타입 개발, 가치전달 등의 단계를 거친다. 그리고 마지막으로 다시 액션러닝 단계인 성찰과 실행을 거쳐 단계적으로 세부 실천사항을 명확하게 정리하고 실천할 수 있도록 함으로써 그 완성도를 높여 가는 데 의미를 찾을 수 있다(그림 2-14).

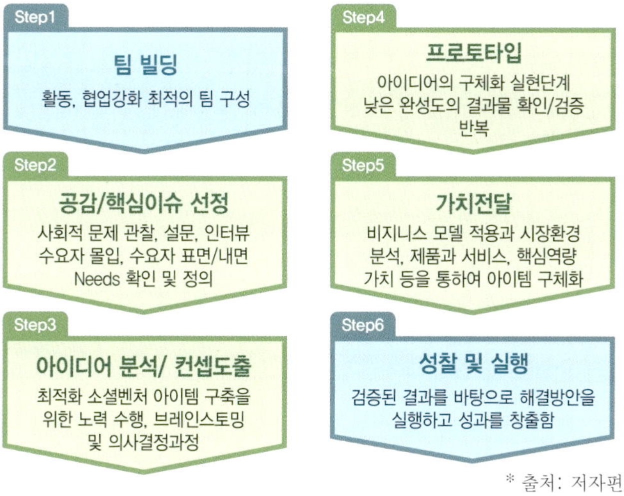

* 출처: 저자편집(2021)

그림 2-14. 소셜벤처(사회적기업) 통합모델 구축 프로세스

2.1 아이디어 도출을 위한 팀 빌딩(Team Building)

소셜벤처 구축의 첫 단계는 팀 빌딩이다. 소셜벤처 실행을 팀 빌딩은 팀구성과 더불어서 팀 구성원의 의지 및 비전이 공유되어야 함을 언급한다. 즉, 소셜벤처 팀 빌딩은 사안에 대하여 다양한 관점으로 바라볼 수 있는 구성원들로 이루어지는 것이 이상적이며, 구성원들은 사회적 문제를 해결하기 위한 의지가 공유되어야 한다.

그리고 사회혁신의 관점에서 소셜벤처에서 생산할 제품이나 서비스에 대한 소셜미션, 비전, 사회적 문제해결을 위한 활동과 경제활동을 동시에 추구하며 소셜벤처의 지속가능성 추구, 소셜벤처의 가치전달과 이를 통한 사회적 영향력을 높이고자 하는 팀 전체의 지향성이 요구된다.

팀 빌딩의 촉진을 위해 팀구성 초기에 팀원들과 함께 팀원과의 공감대 형성, 팀의 역할설정, 팀 명칭 또는 닉네임 정하기, 팀 내 기본 원칙(Ground rule) 정하기, 소셜벤처의 비전, 미션 공감하기 등의 과정이 도움이 된다. 앞장의 소셜벤처 디자인 실행 툴의 디자인 팀 빌딩(Design team building)과 진행 방법에 언급된 방법을 참고하길 바라고, 여기서는 팀 구성원이 서로 공감하는 과정에 대해 살펴본다.

구성원들 개개인들이 갖는 기대는 각기 다르지만, 서로 대화와 토론을 통해 팀원 모두가 공감할 수 있고 속해있는 소셜벤치의 역량을 반영할 수 있는 사회적 문제를 설정한다. 사회적 문제가 발생한 배경과 그로 인한 현상, 그리고 해결방법론을 구체적으로 판단해 보는 시간을 갖는 것이 중요하다.

팀 활동 시간은 소셜벤처 기업가로서 가져야 할 문제의식을 확인하는 것으로, 팀 구성원 서로 간에 문제의식과 진정성을 확인하는 시간이 되기도 하며, 소셜벤처가 수행하게 될 프로젝트의 목적, 주제, 범위, 방향성에 대하여 팀원들이 의견을 모아 정의를 공유하고 이후 진행되는 단계에서 생길 수 있는 혼동을 최소화하는 의견을 나눌 수 있다.

또한, 사회적 가치와 경제적 가치에 대한 각자의 생각을 나누고, 개인적으로 프로젝트에 대한 경험을 나누고 고민함으로써 팀원이 가지고 있는 역량과 부족한 부분을 파악하기도 한다(박재환, 전혜진, 2014).

2.2 공감 및 핵심 이슈 선정

소셜벤처 창업 활동은 사회문제에 대한 기회 인식 혹은 사회적으로 요구되는 이슈에서 새로운 창업의 기회를 찾고자 고민하는 것에서 출발한다. 공감 단계는 이러한 사회문제에 대한 혁신적 해결방안을 제공하고자 하는 창업가가 아이템을 선정하기 위한 반드시 거쳐야 하는 단계이다.

개인 혹은 팀 구성원들과 사회적 문제에 대하여 해결하고, 사회혁신을 위해 추구하고자 하는 주제를 정하고, 그 주제에 대하여 어떻게 접근할 것인지 계획을 세우며, 기초자료 조사단계를 거친다.

소셜벤처 창업자는 자신이 해결하고자 하는 사회적 문제에 대한 방법론에 대하여 공감을 얻어야 한다. 그렇게 하기 위해서는 고객과 이해관계자가 해결방법론을 이해하는 것은 무척 중요하다.

따라서 많은 시간과 노력이 들어도 설문, 인터뷰, 문제를 가진 대상에 대한 관찰 및 고객이 되어 체험해 보는 몰입의 과정을 거쳐 사회적 문제로 인하여 어려움을 겪는 고객의 문제해결 니즈를 인식하고 이러한 공감의 절차를 통하여 얻은 영감을 기반으로 고객과 사회적 문제를 정확하게 정의하는 것은 공감 단계의 가장 중요한 결과물이다.

1) 계획하기

소셜벤처 창업자들은 사회적 문제해결을 위해 어떻게 접근할 것이며 앞으로 전체적 단계를 어떻게 전개할 것인가 고민해야 한다. 이 과정에서 팀원들과 단계설정 및 적용방법론 등에 대한 논의는 중요하다.

(1) 주제 정하기

팀원들이 해결하고 싶은 사회적 문제에 대하여 적극적으로 이야기하고 모두가 흥미 있고 중요하게 인식되는 주제를 선택한다. 주제는 너무 광의적이거나 협소한 의미를 갖는 것을 배제하고 구체성을 가지며 다양한 아이디어를 끌어낼 수 있는 문제로 정하는 것이 적합하다.

팀원들이 제시한 다양한 아이디어는 주제를 조사하고, 팀원들과 아

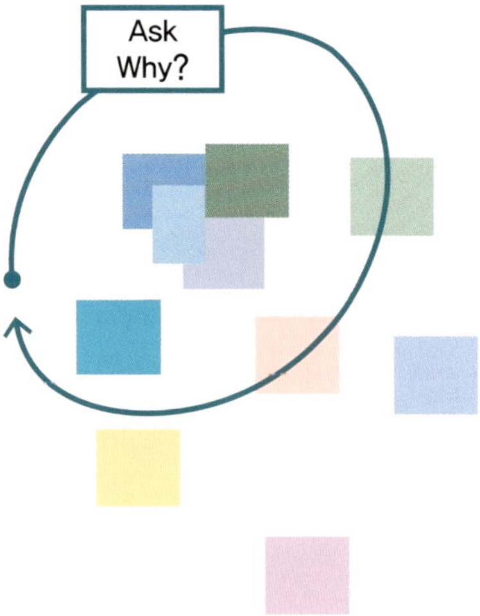

* 출처: 저자편집(2021)

그림 2-15. 주제범위설정 밧줄 방법

이디어 도출과정을 거쳐 도출된 아이디어를 대상으로 범위설정 밧줄(Rope of Scope, 그림 2-15)[1]을 거쳐 범위를 좁혀나갈 수 있다. 이 외에도 멀티보팅, 의사결정 그리드 등의 방법으로 범위를 결정해 나갈 수 있다.

(2) 사업수행 방향 및 팀 구성원의 역할

소셜벤처 사업수행의 기본방향은 혁신적 사고로 사회문제 해결을 위한 새로운 제품 혹은 서비스의 창출로부터 지속가능성을 찾고 사회구성원과 함께 그 혁신을 공유하는 것이다. 하지만 각각의 수행단계마다 구체적 방향 수립과 수행 방법론의 최종 결정은 소셜벤처 창업자들의 몫이다. 이때, 방향 수립의 첫 단계는 정부 혹은 기업 등의 지원 기본방향에 대하여 참고하여 방향 수립에 관한 질문을 창업자 혹은 팀원에게 지속해서 던져 봐야 한다.

① 사회문제는 무엇인가?
② 문제해결을 위한 혁신 요소는 무엇인가?
③ 사업의 수요자 또는 이해관계자는 누구인가?
④ 적합한 문제해결 방법론은 무엇인가?
⑤ 가장 큰 수혜자는 누구인가?
⑥ 파트너십의 구축은 충분한가?
⑦ 팀 역량과 인적자원 및 리더십은 확인 가능한가?
⑧ 자금 활용은 어떻게 해야 하는가?

---

1 주제의 범위를 정하는 방법의 하나로 대상아이디어를 포함 시킬 것인지 아이디어를 제시한 사람에게 의견을 확인하여 그 의견이 타당한지를 검증하는 방법(저자 주)

위에 나열한 질문은 기본적인 질문에 해당한다. 사업추진을 위한 방향설정에 관련된 질문은 사안에 따라서 추가로 도출이 필요하다. 이 질문들을 통하여 소셜벤처의 사업 방향을 수립하는 작업을 수행해 본다.

한편, 팀원과 합의된 문제를 기반으로 사업을 수행할 때 팀원들이 맡을 역할을 세부적으로 구분하여 설정하는 것은 중요하다. 우선 업무를 각 파트로 구분하고 책임자와 참여자를 결정한다. 이때 구성원들은 업무의 효율화를 위하여 가장 자신 있는 부분을 말하고, 토론을 거쳐 역할을 정한다. 또한, 작업 수행을 위한 실현 가능한 일정 정리가 필요하다.

(3) 프로젝트 시작회의

프로젝트의 킥오프는 사회적 문제해결을 위하여 팀에서 결정한 프로젝트 수행 방향, 역할 일정 등을 점검하며 소셜벤처로서 최종결과물에 대하여 논의하는 시간이다. 또한, 프로젝트 킥오프는 팀 구성원들에게 새로운 시작에 대한 심리적 경각심과 책임감을 유도하며, 보다 업무에 집중할 수 있는 계기가 된다. 킥오프에는 팀원뿐만 아니라 문제를 가진 대표구성원 또는 후원자로서 문제해결 과정 전반과 해결 대안에 대한 실행을 지원할 수 있는 대상자(공동체 리더 또는 지방자치단체 공무원 등)가 참석하도록 하는 것이 필요하다. 참석대상과 진행 방법 및 논의 주제에 대하여 명확한 제시가 이루어질 수 있도록 준비되어야 한다.

2) 기초자료 조사

기초자료 조사는 사업수행과 연관성이 있는 기관(정부, 지자체, 연구소, 기업 등)에서 이미 조사된 자료를 확인하는 작업이다. 기초자료는 문제에 대한 이해와 해결방안 혹은 사회적 수요와 기회 등에 대한 이해를 좀 더 구체화시키는 데 중요한 정보를 제공한다.

아래 표 2-6은 기초자료 조사 시 고려해야 할 사항을 예시로 열거하고 있다. 주제에 관련된 항목들은 추가로 작성하여 활용한다(박재환, 전혜진, 2014).

표 2-6. 기초자료 조사 내용

기초자료 관련 질문 및 고려 사항	내용
어떤 종류의 정보를 찾기 원하는가?	사업, 제품, 문화, 인구통계 등
정보를 찾는 이유는 무엇인가?	새로운 관점확보, 정보간의 차이 보완 등
조사의 조건은 무엇인가?	검색조건, 산업의 특이성 등
조사 수행으로 한계가 있는 점은 없는가?	돈, 시간, 정보의 신뢰성
프로젝트의 주제와 관련된 주요 이슈와 트렌드는 어떤 것이 있는가?	사회적 경제기본법, 협동조합, 마을기업 등
국내외 경쟁상품이나 서비스 존재여부	특허권, 유사기업의 사례, 실패 사례 등
주요고객으로 언급되는 사람은 누구인가?	저소득층, 경력단절 여성, 다문화 가정 등
주제와 관련된 전문가/단체 등은 없는가?	한국사회적기업진흥원, 복지관 등
환경제약에는 어떤 것들이 있는가?	지역간 거리, 취약계층 밀집 지역 등

* 출처: 박재환, 전혜진(2014)

(1) 정보접근방식

정보의 접근 방식은 단계적으로 이루어지는 것이 타당하며 우선 광의적 접근(전문지, 주간지, 포털 빈도분석 등)과 새로운 관점의 접근(새롭게 소개되는 방법론, 새로운 컨셉 등) 및 전문적 접근(전문기관, 전문블로그, 주요 통계 사이트 등)의 단계로 작업을 수행하는 것이 정보 검색에 편리하다.

(2) 문헌 조사

인터넷에 의존하여 자료를 조사할 경우와는 다르게 대학 및 각 지자체 (전자)도서관을 이용하면 찾아야 할 자료의 방향성을 찾는 것에 도움이 될 수 있다. 또한, (전자)도서관은 책, 신문, 잡지, 전문 서적 및 관련 논문 등을 공유할 수 있는 장점이 있다.

(3) 사례연구

팀 구성원들은 문제해결 프로젝트를 수행할 때 본인들과 유사한 기업 또는 사회적기업, 소셜벤처의 사례를 확인하고 사회적 혁신을 추진하는데 중요한 요소들을 확인하거나 배울 수 있다. 또한, 일반 기업영역에서도 유사 사업에 관련된 사례연구도 함께 진행되어 문제해결 프로젝트의 해법을 찾는 것은 중요하다.

(4) 고객과 이해관계자 조사

소셜벤처 프로젝드를 추진하는 경우 팀원들은 사회적기업 혹은 소셜벤처 기업의 제품이나 서비스에 대하여 고객 혹은 수혜자에 대한 조사와 사업의 진행 과정과 관계되는 내 · 외부 이해관계자를 조사할 필요가 있다. 고객과 이해관계자에 대한 조사는 소셜벤처의 방향성과 사업의 단계적 추진에 중요한 요인이므로 신중해야 할 필요가 있다. 한편, 소셜벤처 혹은 사회적기업의 유형별 내용 및 수혜대상과 지원에 대한 각종 법적, 제도적 지원 등을 파악하고 기업의 지속가능성에 맞추어 사업을 고려한다면 사업의 시행착오를 줄일 수 있을 것이다(표 2-7).

(5) 트렌드 파악

동향(Trend)은 방향, 경향, 동향, 추세, 유행 등의 사전적 의미가 있다. 트렌드는 일정 시간적 주기를 가지며, 사회의 특정 혹은 전체 영역에 변화를 일으키는 사회문화적 현상이라고 볼 수 있다. 그 변화를 읽는 것은 사회적 문제를 해결하고자 수행되는 프로젝트와 연관될 수 있으며, 프로젝트 및 사업의 의사결정, 사업과 관계되는 이해관계자들을 설득하는데 논리적 근거가 될 수 있어 그 흐름을 파악하는 것은 중요하다.

(6) 공공기관, 대학 등의 협력

공공기관, 대학은 지역의 다양한 이슈와 대안을 가지고 있는 곳이다. 기초자료가 조사된 시점에 좀 더 심도가 있는 문제 탐구나 문제 해결단계에서 협력자 또는 조력자를 확보하기 위해 공공기관, 대학을 찾아가 소셜미션과 사회적 문제에 대해 제시하고 도움을 받는 것이 도움이 된다.

표 2-7. 소셜벤처 또는 사회적기업 유형

유형	내용	수혜대상
일자리 제공형	취약계층에게 일자리를 제공	저소득자, 장애인, 고령자, 성매매 피해자, 청년 및 경력단절 여성, 북한 이탈 주민, 한 부모 자녀, 가정폭력피해자, 결혼이민자, 갱생보호 대상자, 범죄구조 피해자, 장기 실직자, 6개월 이내 출소자, 6개월 이내 소년원 퇴원자, 보호관찰 청소년

유형	내용	수혜대상
사회서비스 제공형	취약계층에게 사회서비스를 제공	일자리 제공형의 취약계층을 포함하고 조손가정, 외국인 근로자, 금융채무 불이행자 및 저 신용자 등 탄력적 인정
혼합형	취약계층에게 일자리와 사회서비스를 제공	일자리 제공형과 사회서비스 제공형의 수혜대상자
지역사회 공헌형	지역사회에 공헌	시, 군, 구, 읍, 면, 동 등 명확한 행정구역으로 설정, 광역 간 연계 가능
기타형	사회적 목적 실현 여부의 판단에 있어 취약계층의 고용비율과 사회서비스 제공비율로 판단하기 어려울 경우 사회적기업 육성위원회에서 대상 비율 결정	

* 출처: 한국사회적기업 진흥원(2017)

3) 고객과 공감하기

소셜벤처 창업가는 자신이 하는 일에 대한 사회적 공감을 얻는 것은 매우 중요한 일이다. 공감은 크게 두 가지 영역으로 나누어 생각해 볼 수 있는데, 첫째는 소셜벤처 기업 행위로 인한 제품 혹은 서비스에 대하여 고객이 갖는 요구에 대한 이해이며, 둘째는 전달되는 가치를 일반 대중들이 인식하고 이해하는 것을 말한다.

두 부분 모두 소셜벤처의 대외적 이미지와 지속가능성에 큰 요인이 된다는 점에서는 매우 중요한 요소이다. 이들 고객의 요구 및 회사에 대한 인식에 관한 내용을 파악하는 일련의 과정은 소셜벤처 기업이 사회적 공감을 얻는 전체 맥락적 관점에서 매우 중요하다.

(1) 인터뷰(Interview)

소셜벤처 기업에 있어서 제품 고객과 이해관계자의 숨겨진 욕구와 문제를 자세히 살펴보는 과정은 매우 중요하다. 인터뷰는 사람들과의 대화를 통하여 고객이 가진 욕구가 무엇이며, 기존 제품 또는 서비스에 대해 불편함을 느끼는 지점이 어디인지를 확인하는 과정이다.

이 과정에서 인터뷰 대상자는 물론 고객의 관점에서 문제를 바라보기도 해야 한다. 이를 위해서는 소통의 역량인 경청과 경청의 자세 등이 인터뷰에서 필요로 된다.

① 인터뷰 대상

인터뷰 대상자의 분류는 일반적으로 선도적 고객 40%, 극단적 고객 40% 및 일반 고객 20%를 기준으로 시행하는데 제품과 서비스에 대한 다양하고 깊은 이해를 얻기 위해서는 극단적 고객층을 찾는 것이 중요하다.

② 인터뷰 일반

인터뷰 준비는 역할을 나누는 것부터 시작된다. 인터뷰는 3명을 기준으로 시작하는 것이 적합한데 인터뷰 기록자, 촬영담당자(사진, 녹음 포함), 인터뷰 진행자 등으로 구분된다. 인터뷰는 일반적으로 30분 내외가 적당하며, 진행순서는 첫째 인터뷰 준비단계(얼리어답터, 극단적 고객 식별)이며 이 과정에서 인터뷰 대상자와 인사 및 인구통계학적 정보 입수 및 인터뷰 배경 등을 설명하는 시간(10분 이내)을 갖는다.

둘째 단계는 본격적 질문단계로서 문제점 제시와 고객의 관점을 경청하며 탐색하는 단계이다. 이때는 5-Why 질문법을 활용하여 단계별로 대답을 유도하는 것이 적합하며, 질문은 개방형, 구체적, 중립적 질문을 사용하여 인터뷰 대상자의 심리적 안정을 유도해야 한다.

셋째는 인터뷰 도중 궁금한 점 혹은 질문사항이 있으면 대답을 해주고 인터뷰에 응해준 것에 감사 인사를 한다. 여기서 추후 인터뷰에 대한 허락과 다른 인터뷰 대상자를 소개받을 수도 있다.

마지막 인터뷰 단계는 인터뷰 결과 정리이다. 인터뷰 내용을 문서화로 정리하여 보관한다. 질문 중 5-Why는 사람의 내면에 깊은 이해를 위해서 중요한 생각들에 대해 왜 그렇게 생각하는지 5번까지 Why를 사용하여 질문하는데 피터 드러커는 5-Why를 통하여 질문하면 스스로 문제에 대한 답을 찾아간다고 했다(표 2-8)(박재환, 전혜진, 2014).

표 2-8. 5 Why 인터뷰 방법

<table>
<tr><th>순서</th><th>왜?</th><th>대답</th><th colspan="2">해결방안</th></tr>
<tr><td>Why1</td><td>왜 기계가 정지했나?</td><td>모터 과부하로 퓨즈가 끊어졌다.</td><td rowspan="4">단기적 해결 방안</td><td>퓨즈교환</td></tr>
<tr><td>Why2</td><td>왜 과부하가 걸렸을까?</td><td>윤활유가 부족하다.</td><td>주기적 윤활유 점검 및 공급</td></tr>
<tr><td>Why3</td><td>왜 윤활유가 부족했나?</td><td>펌프가 윤활유를 충분히 빨아올리지 못했다.</td><td>펌프교환</td></tr>
<tr><td>Why4</td><td>왜 충분히 빨아 올리지 못했나?</td><td>펌프의 축이 이상 마모로 인해 흔들린다.</td><td>펌프교환</td></tr>
<tr><td>Why5</td><td>왜 축이 이상마모 되었나?</td><td>윤활유에 절삭 칩이 혼입되었다.</td><td colspan="2">윤활유 흡입구에 스트레이너 설치</td></tr>
</table>

* 출처: 박재환, 전혜진(2014)

인터뷰는 대상자에 따라서 개별, 그룹, 전문가 인터뷰 등의 방식으로 이루어진다. 개별인터뷰는 위에서 언급했듯이 약 30분의 시간이 소요되나 심층 인터뷰의 경우 3시간 정도가 소요되기도 한다. 그룹 인터뷰는 다양한 의견을 확인할 수 있는 점에서 중요한 방식이며 서로 알지 못하는 고객과 이해관계자를 대상으로 하는 것이 타당하다.

전문가 인터뷰는 시행착오를 최소화할 수 있다는 측면에서 중요하며 인터뷰를 할 때는 무엇을 배우러 왔는지 명확하게 전달하여 인터뷰의 목적을 달성할 수 있도록 노력해야 한다.

(2) 관찰(Observation)

관찰은 사물이나 현상을 주의 깊게 조직적으로 파악하는 행위를 의미한다. 파악한다는 것은 현상의 수집과 이에 따른 사람들의 행동 패턴을 발견하고 충족되지 않는 요구에 대한 이해기반을 마련한다는 의미가 있다. 관찰에는 설문, 정황몰입, 다른 분야 관찰, 쉐도잉, 구매 행동 관찰 및 일상생활 연구 등 다양한 방법이 있다.

(3) 몰입(Immersion)

몰입은 실제로 고객이 속한 환경을 체험하는 방법으로 고객이 되어 고객이 처한 상황을 체험해 보는 것이다. 예를 들면 OXO의 굿 그립 개발에 깊이 관여한 페트리샤 무어[2]는 26세의 나이에 80대 노인분장을 하고 1979년부터 3년간 노인들이 일상생활 속에서 어떠한 불편을 겪는지 직접 체험하고 그 결과를 노인을 위한 제품개발에 반영하였다.

---

2 세계적으로 유명한 노인학자이자 디자이너. 1952년 뉴욕에서 태어나 1979년부터 1982년까지 80대 노인으로 변장하고 다니며 노인들이 겪는 불편함을 몸소 체험했다. 옥소(Oxo)의 굿 그립을 탄생시키는 데 중요한 역할을 함

페트리샤 무어의 노인체험

그날의 역할에 따라 다른 삶을 살았습니다.
어떤 날은 아주 건강하고 활동적인 노인으로, 휠체어를 타거나 지팡이, 보행기에 의존한 노인으로 어떤 날은 가족이나 친구와 같이 다니기도 했고요. 하지만 대부분은 혼자서 활동했습니다.
미국과 캐나다를 돌며 아주 작은 마을부터 큰 도시까지 총 116개 도시를 다녔습니다. 버스, 지하철, 택시, 기차, 비행기도 탔지요. 카페나 레스토랑에서 음식을 먹기도 했고, 영화나 연극도 보러 다녔습니다. 그러는 과정에 친구도 생겼고 또 그 친구들의 장례식에 참석하기도 했습니다.
나는 나이나 신체적인 능력에 구애받지 않고 그냥 내가 살고 싶은 삶을 살려고 노력했어요.

또한 쪽방촌 노인들이 겪고 있는 실제 문제를 확인하기 위해 인터뷰뿐만 아니라 쪽방 하나를 임대해서 한 달을 살아보는 경험을 하는 것이 몰입의 사례라 하겠다.

4) 수집된 자료의 분석 및 해석

(1) 수집된 자료의 정리 및 분류

자료수집의 목적은 고객 혹은 이해 대상자들의 요구를 정확히 분석하는 것에 있다. 인터뷰 및 설문 조사 내용을 프로젝트 구성원들끼리 공유를 통하여 도출된 통찰로부터 고객 혹은 이해 대상자의 요구를 명확히 하는 것이 중요하다.

따라서 자료의 수집과 정리는 현장의 상황을 가능한 한 세밀하게 정리하는 팩트(Facts) 기록, 인터뷰 조사 후 기록, 녹음 등 현장 자료를 기초하여 관련 내용을 기록하는 디브리핑(Debriefing)을 거치는 방법을 사용한다.

또한 고객과 이해관계자의 관점에서 문제점에 대한 아이디어, 해결방안을 떠올리며 기회를 찾는 입장 바꿔 보기(Walk in their shoes)와 조사과정에서 수집된 자료들을 일차적으로 유사성을 중심으로 그룹화(Grouping)하는 방법과 의미, 기준, 맥락을 고려하여 유사성 있는 것끼리 한 영역으로 구분함으로써, 단순 분류 이상의 패턴을 찾는 다발짓기(Clustering) 등의 방식 등을 사용하는 것을 추천한다.

(2) 고객 요구 탐색

자료의 분석과 해석을 통하여 고객의 요구를 발견해내는 것은 쉬운 일이 아니다. 우선 자료로부터 발견된 내용이 각기 다름을 확인하고 그 속에서 고객의 요구를 발굴하는 과정을 거쳐야 현실에 가까운 해결방안을 찾을 수 있다.

고객 요구에 대한 분류는 불편 인식에 따라서 구분되는 명시적, 암묵적, 내재적 요구와 보편성과 방향성에 따른 요구인 일반적, 맥락적, 활동적, 한정적 요구로 구분된다. 실제로 이 중 언어로 표현되는 것은 얼마 되지 않는데 그것은 표현의 한계, 본인의 필요성을 인지하지 못하는 경우 또는 불편의 해결에 관심이 없는 경우 등을 들 수 있다.

요구를 찾아내는 것은 프로젝트 성공 여부를 결정하는 중요한 사안이다. 따라서 요구 탐색의 과정은 ① 고객을 관찰하거나 인터뷰, 설문한 내용을 토대로 수집한 자료로부터 고객 요구를 찾기 위한 팩트 분석을 시행한다. ② 분석 및 해석단계에서 도출된 팩트들의 유사성 및 관련성에 따라 그룹화하며, 요구를 도출한다. ③ 프로젝트팀원 간의 토론을 통하여 도출된 요구를 좀 더 명확하게 정리해 본다. 요구는 반드시 하나의 팩트에 기초해야 한다(박재환, 전혜진, 2014).

(3) 해결방안 구체화 방법

① 마인드맵

팩트들을 마인드맵을 활용하여 관계성을 찾아 연결하는 작업을 시도하다 보면 처음에는 생각하지 못했던 연관성을 찾을 수 있기도 하며, 이들을 정리하며 관련성을 찾아가다 보면 사회적 가치를 창출하는 기회를 인식할 수 있다.

② 페르소나(Persona)

페르소나는 가상의 인물에게 가상의 성격을 부여하여 실체가 있는 특정인으로 의인화하는 방식이다. 제품과 서비스를 이용하게 될 인물을 상상하여 구체적으로 성격 및 상황 조건을 설정해 본다.

③ 공감 지도(Empathy map)

공감이란 소통의 전제이다. 진정한 공감을 서로 간에 공유할 때 마음을 열어놓고 소통의 장을 만들어 갈 수 있다. 공감은 역지사지의 마음으로 상대적 입장에서 어떤 감정을 느끼는지 생각해 보는 것이다. 소셜벤처 기업은 도출된 요구가 시장과 공감대 형성할 수 있는지 파악하는 것은 필수사항이며, 그 공감대 위에 고객의 요구에 대하여 해결방안을 답할 수 있다.

또한, 해결방안을 위한 구체적 방법론은 다양한데, 고객의 특성(분석지표)에 따라 유형을 분석하는 고객 유형 분석(Customer Analysis), 고객이 서비스를 이용하는 여정을 시각화하는 방식인 고객과 이해관계자 여정 지도(User journey map), 매트릭스 축을 활용하여 해결방안에 대한 긍정 및 부정 관점을 모두 확인할 수 있는 2×2 매트릭스(2×2 Matrix), 팩트들을 통하여 도출된 요구가 만족과 불만족에 대한 고객의 반응을 표현하는 카노(Kano)분석 등 다양한 방법이 있다.

2.3 아이디어 분석 및 컨셉도출

창의적 아이디어의 도출 및 의견수렴 과정은 사회적 문제의 해결방안 중 최적의 사업 아이템 및 비즈니스 컨셉 구축을 위한 노력을 수행하는 단계이다. 즉, 조사된 자료들로부터 발견된 사회적 요구를 충족시킬 수 있는 다양한 아이디어를 생성하고 팀 구성원 간 다양한 분석적 논의를 거쳐 비즈니스 컨셉을 도출하고 사업화 가능성을 확인하는 과정이다.

이 과정에서는 팀 구성원이 결과도출을 위하여 활용할 수 있는 창의적 해결방안 도출을 위한 툴(tools)은 아이디어의 다양한 표출을 이끌어 내는 마인드맵(Mind map), 명목 집단법 활용 브레인스토밍(Brain storming), 브레인 라이팅(Brain writing), 스캠퍼(SCAMPER), TRIZ 4.0 발명원리 등의 활용이며, 발산된 아이디어를 수렴하는 방법으로는 멀티 보팅(Multi-voting), 의사결정 그리드(Decision Grid) 등이라 할 수 있다.

(1) 아이디어 생성

아이디어 생성의 첫 단계는 아이디어 도출의 기준점이 될 만한 질문을 구성하는 단계이다. 고객에게 전달하고자 하는 가치를 먼저 정하고 더 많은 아이디어 도출을 위하여 다음과 같은 형태의 질문을 만들어 아이디어 도출과정을 진행한다. 즉, 파악된 요구를 해결하거나 충족하기 위하여 '어떻게 하면 ~ 할 수 있을까?'라는 문구 형태로 전환한다. 여기서 요구의 도출은 고객의 맥락을 정확하게 파악한다는 전제를 반드시 담고 있어야 한다.

(2) 브레인스토밍

브레인스토밍은 집단적, 창의적 발상 기법으로 집단에 소속된 인원들이 제시된 아이디어 목록을 통해서 특정한 문제에 대한 해답을 찾고자 노력하는 것을 말한다. 브레인스토밍이라는 용어는 알렉스 오즈번(Alex Faickney Osborn)의 저서 Applied Imagination으로부터 대중화되었으며, 브레인스토밍을 통하여 최대한 많은 아이디어를 도출하고자 할 때 사용한다.

일반적인 순서는 ① 경청을 잘하며 분위기를 잘 이끌어가는 사회자 정하기, ② 브레인스토밍 주제 정하기, ③ 아이디어 도출하기, ④ 결과 나누기 등의 4단계를 거친다. 그리고 브레인스토밍을 효율적으로 수행하기 위해서는 질문하기, 목록 기록하기, 시간 제한하기 등의 방법론을 적절히 활용하는 것이 좋다.

(3) 혁신하기

사회적 문제를 해결하고 고객에게 가치를 전달할 수 있는 아이디어를 구체화하는 데는 혁신적 사고가 필요하다.

혁신의 형태는 크게 네 가지로 구분되는데 첫째는 새로운 기술과 생산체계로 새로운 시장을 개척하거나 고객과의 연결을 혁신하는 방식의 창조적 혁신이 있다. 둘째는 기존의 기술과 생산체계를 발전시켜 기존의 시장과 고객과의 관계를 개선하는 방식인 통상적인 혁신이 있으며, 셋째는 기존의 기술과 생산체계를 결합 또는 세련된 이미지로 변화, 새로운 시장창조, 판매 조직강화, 기존의 유통채널 결합 등을 통하여 새로운 시장을 개척하는 방법이다. 마지막으로 기존의 기술과 생산체계를 전면적으로 파괴하고 기존 시장과 소비자와의 연결성을 강조하는 혁명적 혁신 방법이 있다(박재환, 전혜진, 2014).

소셜벤처 창업자들은 혁신에 관한 기업사례를 확인하며 소셜벤처 기업의 업종현황에 맞추어 사회혁신 방법론을 적용하는 것이 타당할 것이다.

(4) 스캠퍼(SCAMPER)

스캠퍼는 창의적인 발상을 이끄는 방식으로 1971년에 밥 에벌(Bob Eberle)이 알렉스 오즈번(Alex Osborn)의 체크리스트 기법을 발전시켜 개발하였으며, 창의적 발상을 기록할 수 있도록 하는 체크리스트를 확인하고, 이들에 대하여 생각할 수 있는 모든 사항을 미리 항목별로 써 놓고 하나씩 점검하는 방식을 말한다(표 2-9).

표 2-9. 스캠퍼를 위한 질문

구분	아이디어 내용
Substitute 대체	다른 것으로 대체 할 수 있는가? 다른 관점? 다른 방식?
Combine 결합	다른 것과 조합할 수 있는가?

구분	아이디어 내용
Adapt 적용	이것에 다른 아이디어를 적용시킬 수 있을까? 비슷한 다른 건 없을까?
Modify 변경 Magnify 확대 Minify 축소	모양 색상 의미 등을 바꿀 수 있을까? 더 크게, 더 높게, 더 길게, 더 강하게, 더 빨리, 더 자주 할 수 있을까? 더 작게, 더 낮게, 더 짧게, 더 약하게, 더 천천히 할 수 있을까?
Put to other uses 새로운 용도	다른 용도로 쓸 수 있을까?
Eliminate 제거	여기에서 무언가를 제거하면 어떨까?
Rearrange 재배치 Reverse 거꾸로	순서를 바꾸거나 요소를 재배치하거나 상하좌우를 뒤집거나 역할을 바꿔볼 수 있을까?

* 출처: 김진수 외(2017)

(5) 아이디어 그룹화 및 다발 짓기

팀 프로젝트 수행과정에서 얻은 다양한 아이디어들에 대하여 각각의 키워드를 부여하고 키워드에 따라서 개별아이디어들이 갖는 보편성과 대표성 등의 속성을 파악한다. 여기서 좋은 주요 속성요소는 이해하기 쉽고 명확해야 하며, 대상 아이디어들을 포괄할 수 있어야 한다. 또한, 너무 추상적이거나 지엽적이지 않아야 한다.

이러한 관점에서 주요 속성을 결정하고 다양한 아이디어를 속성에 따라 그룹으로 묶는다. 주요 속성요소는 대상을 보는 관점으로서 아이디어를 보는 시각이다. 새로운 시각에서 보면 같은 아이디어에서 기존에 몰랐던 가치나 속성을 찾을 수 있다. 그리고 그룹화된 아이디어에 의미를 부여하고 새롭게 다발 짓기를 시도하고 차별화 가능성, 시장성 등을 고려하여 팀 구성원들의 의견수렴(투표 등)을 거쳐 사업화 가능성이 있는 다발을 선별한다.

2) 아이디어를 통한 컨셉 도출

아이디어는 사업화를 위한 개념적 단계라면, 아이디어들을 중심으로 사업화를 수행할 수 있도록 정리한 결과가 컨셉(Concept)이며, 컨셉은 사업화의 첫 단계이다. 컨셉이 비즈니스 프로토타입으로 발전하기 위해서는 컨셉에 대한 명확한 탐색 및 도출과 그 컨셉에 대한 비즈니스화 작업이 필요하다.

(1) 컨셉 탐색 및 도출

컨셉의 탐색은 아이디어를 사업화 컨셉으로 정리해야 하며, 부족한 부분은 보완하거나 새로운 아이디어를 더하여 사업화할 수 있도록 해야 한다. 컨셉 정리에 대한 질문은 크게 세 가지가 있는데, 첫째, 컨셉의 중심 요소인 필요한 사람, 장소, 시설 등은 무엇인가?, 둘째, 리서치를 통한 팩트와 맥락에 기반을 둔 것인가?, 셋째, 현실적으로 기존 서비스나 시스템과 융합하거나 조율될 수 있는가 등이다. 또는 컨셉 시트(Concept sheets)를 준비하여 컨셉의 구체적 내용을 기록하며 슬로건을 만드는 것도 좋은 방법이 될 수 있다.

(2) 비즈니스 컨셉 개선하기

컨셉의 개선점을 찾기 위해서 일반적으로 많이 적용되는 방식은 2×2 매트릭스를 활용하는 것이다. 이 기법은 고객과 이해관계자를 알고 맥락을 이해하는 데 도움이 된다. 2×2 매트릭스에 각각의 컨셉을 표시하고 확인해 봄으로써 어떤 아이디어가 투자한 시간 대비 최상의 효율이 있는가를 확인할 수 있다(그림 2-16).

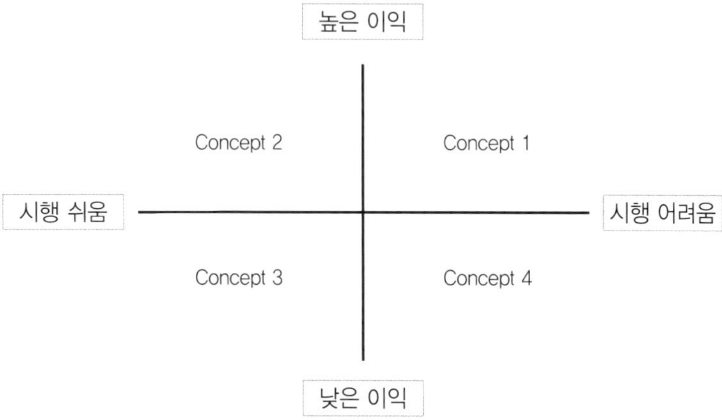

* 출처: 저자편집(2021)

그림 2-16. 이익 및 시행용이성 2X2 매트릭스

3) 컨셉 현실화

니즈(Needs)에 대한 구체적 현황 및 문제점 파악과 현재(As-is) 상황과 컨셉의 현실화 과정을 거친 후 해결된 바람직한 모습(To-be)을 구성원과 공유한다. 해결방안 관련 최적의 해결방안을 찾고 현실화를 위한 작업을 수행한다.

(1) 컨셉의 현실화 과정

비즈니스 컨셉을 제품 혹은 서비스로 실제 구현하고 고객에게 전달될 수 있는 과정을 만들어 테스트하고 피드백 받는 과정을 반복적으로 실시하여 비즈니스 컨셉을 수정 · 보완한다(그림 2-17). 이때 이 과정의 핵심 사고는 고객기반에 중점을 두어야 한다는 점이다.

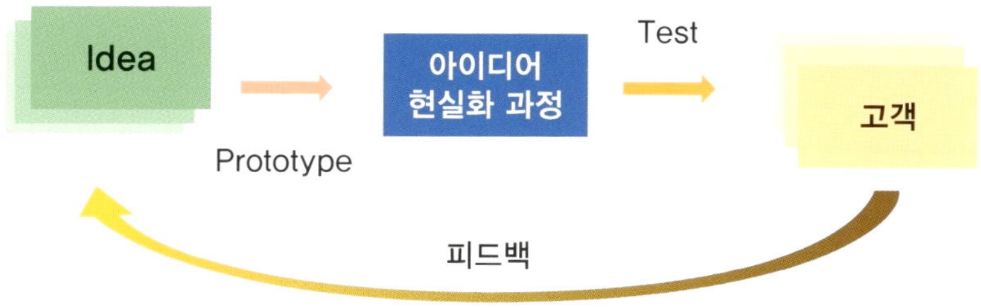

* 출처: 저자편집(2021)

그림 2-17. 컨셉의 현실화 과정

① 방향성

소셜벤처 창업자는 사업의 지속가능성 확보를 위하여 다양한 기회를 최대한 활용하여야 한다. 정부의 지원 혹은 지원 사업, 민간기관의 기부 등 사회적기업으로서 확보 가능한 기회의 활용을 말한다. 또한 고객에게 지속적인 공감을 확보하기 위해서는 사업에 대한 명확한 지침을 제시하여야 한다. 사회적기업의 비즈니스 컨셉의 방향성은 아래와 같은 요구를 충족해야 할 것이다.

- 사회에 긍정적인 영향을 만들어야 한다.
- 사회적, 경제적 욕구를 모두 갖추어야 한다.
- 기업, 민간단체, 공공기관 등 어떠한 기관에서도 실행할 수 있어야 한다.
- 수치 데이터로 분석을 할 수 있어야 한다.
- 지속가능성을 가져야 한다.
- 다양한 형태의 발전 가능성을 가져야 한다.
- 사회적 약자 계층을 변화시키고 발전시켜야 한다.

② 스토리보드(Storyboards)

스토리보드는 단계별 행동, 경험 또는 교류 사이의 관계를 설명하는 작품 형식을 띠고 있다. 시간의 흐름에 따른 사건들의 관계를 나타내는 내용을 만화와 같은 형식으로 표현하기도 한다.

③ 시나리오 만들기

비즈니스 컨셉의 현실화 과정에서 시나리오 만들기는 제품 혹은 서비스의 활용이 특정 시점에서 발생할 수 있는 상황을 예측하는 것을 말한다. 시나리오 만들기는 아이디어를 근거한 제품 혹은 서비스가 미래의 관점에서 표출될 수 있는 문제점 혹은 잠재적 가능성을 점검해 볼 수 있다.

④ 롤 플레이(Role-play)

스토리보드나 시나리오를 통해 준비한 이야기를 다른 사람들이 이해하기 쉽게 시각화해 보는 과정을 말한다. 컨셉을 정확하고 쉽게 이해하고 발전시킬 수 있도록 설명해 주는 단계로 누구를 주인공으로 삼을 것인지, 어떤 구체적인 목표가 컨셉에 실현되고 있는지, 어떤 단계를 거쳐 서비스가 진행되는지 등을 나타내기도 한다.

2.4 프로토타입 및 검증

프로토타입(Prototype)은 프로젝트팀에서 논의를 거쳐 만들어진 컨셉을 생산 또는 사업에 착수시키기에 앞서 그 타당성 검증이나 성능을 평가하기 위해 미리 시험 삼아서 제작해 보는 경우를 말한다. 미리 제작된 제품이나 서비스를 고객이나 이해관계자와의 관계에서 검증하고 평가하는 과정이기에 꼭 완성도가 높은 것이 필요한 상황은 아니다.

그리고 제작된 프로토타입은 현실에 적용되면 어떤 방식으로든 문제가 도출되는데 이때 개선될 문제점을 확인하고 피드백(Feedback)하는 것을 테스트 과정이라 한다.

1) 프로토타입 만들기

프로토타입은 잘 만들기보다는 빠르게 만들어 보고 피드백을 받아 개선하는 데 목적을 두는 것이 타당하다. 프로토타입을 만드는 재료는 일

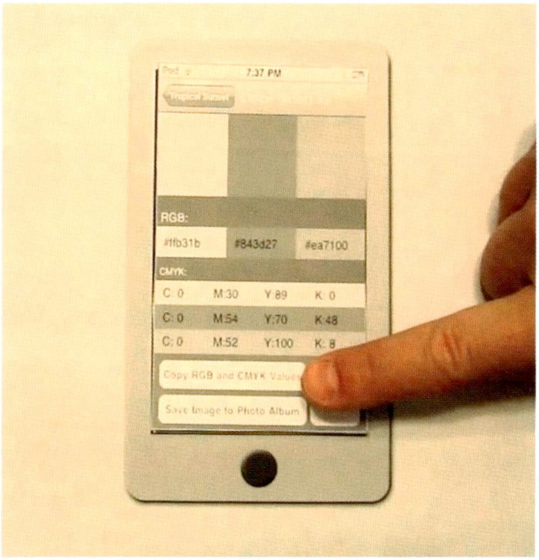

* 출처: cgblend(2011)

그림 2-18. 프로토타입 디자인 사례

상에서 손쉽게 구할 수 있는 것을 활용한다. 그 재료는 원고지, 테이프, 펀치, 자석, 포스트잇, 가위, 스냅사진, 풀, 스테이플러, 마스킹 테이프, 종이 클립, 글루건, 접착테이프, 장식용 못, 자, 마커, 고무밴드, 줄, 스티커, 색상 카드, 끈, 호일 등이 있다(그림 2-18).

2) 스토리텔링

스토리텔링이란 팩트에 감정을 입힌 것을 말한다. 우리가 일상에서 누구나 하는 이야기를 말하는 것이다. 팩트와 경험 그 자체를 나누는 것이 아니라 팩트와 경험이 가져다준 변화와 감정을 나누는 것을 말한다. 스토리텔링은 세상을 해석하고 바라보는 강력한 프레임이 될 수 있으며 패러다임을 바꾸는 전략이 될 수 있다.

3) 동영상 만들기

프로토타입 내용에 대한 적합성, 실현 가능성, 지속성에 대한 검토를 통해 생각을 정리하고 프로토타이핑한 제품이나 롤 플레이 등을 토대로 가상 시나리오를 작성하고 이를 비디오로 만든다. 이렇게 만들어진 비디오는 소비자들로부터 피드백을 받을 수 있는 유용한 도구가 된다.

4) 테스트

생산될 프로토타입(제품 및 서비스)에 대한 테스트는 고객, 생산자, 고객 등 가능한 많은 이해관계자가 참여한 의견을 수렴할 수 있도록 한다. 테스트를 위한 설문은 사용 전, 사용 중, 사용 후로 나눠 질문을 만들어 시행한다. 테스트 과정은 컨셉이 추후 비즈니스 모델로 발전된 후에도 고객들에게 정교한 프로토타입 피드백을 받는 과정을 반복해볼 필요가 있다.

5) 피드백 모으기(Gather feedback)

피드백은 고객들이 무엇을 가장 중요하게 생각하는지 확인할 수 있는 과정이다. 프로토타입, 스토리보드, 롤 플레이 등 준비한 것을 두고 사용자와 이해관계자에게 보여주고 테스트해 봄으로써 피드백을 얻을 수 있다. 사용자의 니즈에 부합하게 잘되어 있는지 어떤 부분을 개선해야 하는지를 확인하고 그에 따른 우선순위를 설정하여 기존에 개발된 프로토타입에 반영하고 이를 재설계하여 다시 고객에게 전달하여 확인하는 과정을 반복한다.

2.5 가치전달

가치전달 단계에서는 사회문제 해결을 위한 혁신적 아이디어를 통한 비즈니스 모델을 적용하여 시장(환경)분석, 핵심고객 정의, 제품과 서비스의 정의와 차별화, 핵심역량, 핵심가치, 고객이 불편한 것과 고객이 얻을 수 있는 것 등을 분석함으로써 아이템을 구체화한다. 또한, 아이템의 지속가능성과 아이템의 사회적 가치에 대하여 구상하는 시간을 갖는다.

1) 비즈니스 모델

비즈니스 모델은 하나의 조직이 어떻게 가치를 포착하고, 창조하고, 전파하는지 그 방법을 논리적으로 설명하는 것이다. 사회적기업가는 공공 부분에서 충족시키지 않거나 충족시킬 수 없는 요구를 만족시킬 기회가 어디에 있는지 인식하고 찾아내 사회적 문제를 어떻게 해결할지, 포착한 가치를 어떻게 창조하고 전파할 것인지 등의 방법을 논리적으로 설명할 수 있어야 한다.

(1) 비즈니스 모델 캔버스

비즈니스 활동에 있어 가장 중요하게 인식되는 9개 요소를 블록으로 정의하여 고객에게 제공할 가치를 설정하고, 그 가치를 어떻게 관계영역에 전파하는지 논리적으로 파악할 수 있는 시각화된 도구이다(그림 2-19).

* 출처: Brunch(2017)

그림 2-19. 비즈니스모델 캔버스

(2) 린 캔버스

린 캔버스는 고객의 문제로부터 시작하여 최소의 비용과 투자로 목표한 고객을 만족할 수 있는 시제품 혹은 서비스를 먼저 적용해보고 이를 수정 · 보완해 나가면서 제품이나 서비스를 발전시키는 린 스타트업 기법을 적용하여 만든 것이다(그림 2-20).

사회적 문제는 일반적인 고객 문제와 달리 명확성이 떨어질 가능성이 있어 일반적인 비즈니스모델 캔버스보다 린캔버스 방식을 활용하여 고객과 수시로 확인하고 검증하는 것이 적합할 수도 있다.

* 출처: Maurya(2015)

그림 2-20. 린캔버스

2) 소셜벤처 비즈니스 모델

소셜벤처 창업가의 경우는 일반기업이 갖는 영리 추구 목적 이외에 취약계층이나 지역사회를 대상으로 하는 활동이 포함된다. 따라서 이들 소셜벤처의 비즈니스 모델은 앞서 언급한 비즈니스 모델 캔버스 혹은 린 캔버스에서 고려하지 못하는 구성요소를 추가로 고려해야 할 필요가 있다.

그리고 소셜벤처의 운영에 있어서 소유권, 투자, 책임, 위탁 부분을 공공영역과 민간영역 사이에서 어느 쪽에 중심을 두고 활동할 것인가에 대한 사회적기업 모델 체크(Mapping the social business model) 과정을 구체적으로 탐색할 필요가 있다.

일반적으로 소셜벤처의 비즈니스 모델의 가치제안 역시 고객, 제공하는 가치, 가치를 담은 상품 및 서비스, 상품과 서비스를 전달하는 방법이 중요하다. 소셜벤처에서는 특히 사회적 가치 제안을 담은 미션이 강조된다(Grassl, 2012). 미션에 초점을 두어 소셜벤처를 미션 지향형(Mission orientation), 통합유형(Type of integration), 목표시장(Target market) 등 3개 구성요소를 기준으로 유형화할 수 있다.

미션 지향형은 논리적으로는 미션 중심, 미션 관련, 미션 무관의 값을 가질 수 있다. 그러나 미션 무관의 경우는 소셜벤처가 아닌 일반기업에 해당한다. 통합유형의 경우에는 미션실현을 위한 사회 프로그램과 이윤추구를 위한 기업활동이 일치하는지, 일치하지 않지만 통합되는지 아니면, 기업활동이 사회 프로그램을 지원하는 방식으로 분리되어 있는지 등으로 나눌 수 있다. 미션 지향성과 통합유형은 상관성이 매우 높다. 목표시장은 목표 수혜자, 정부, 제삼자, 기업, 일반시민 등으로 구분된다. 이러한 조건을 통하여 형성 가능한 조합은 아래 표 2-10과 같다.

표 2-10. 소셜벤처 비즈니스 모델

비즈니스 모델(BM) 유형	형태
창업가지원형	소규모 기업대상 소액금융, 개발지원
시장 중개	소농 대상 공정무역
고용	소수자, 전과자, 노숙자 고용
서비스 수수료	학교, 병원 서비스 제공 후 수수료 받음
저소득 고객	저소득층 대상 상품 및 서비스 제공
시장연계	소상공인과 시장을 연결하고 수수료를 받음
협동조합	농업, 금융 등에서 조합원이 협동조합을 결성해 사업
조직지원	비영리단체에 상품과 서비스를 제공

* 출처: 저자편집(2021)

2.6 성찰 및 실행

성찰과 실행 단계에서는 검증된 결과를 바탕으로 해결방안을 실행하고 성과를 창출하는 단계이다. 성찰은 매번 팀 미팅이 끝난 후에 진행하며 성찰을 통하여 개선점을 과제 수행 실행에 적용한다.

1) 피드백 확인

피드백(Feedback)은 고객들이 무엇을 중요하게 여기는지 확인할 수 있는 과정이다. 프로토타입 스토리보드 및 롤 플레이 등 준비한 것을 가지고 고객와 이해관계자에게 보여주고 테스트해 봄으로써 피드백을 얻을 수 있다.

피드백은 고객의 요구에 부합되는지 어떤 부분을 개선해야 하는지를 확인하고 그에 따른 우선순위를 설정하여 프로토타입에 즉시 반영하여 재설계하여 신속하게 진행할 수 있는 정보를 제공하는 과정이다.

2) 실행계획과 임팩트 평가

최종목표를 달성하는 중간단계로서 가시적인 이정표를 세우고 각각의 이정표의 완성 정도를 측정할 수 있는 목표(성과지표)를 수립한다. 실제 실행과정에서 많은 변수가 발생하지만, 목표(성과지표)에 대한 실행 방향을 잡아가는 기준으로 활용하면서 다양한 대처방안을 모색할 수 있다.

지표는 상황을 사회적기업 혹은 소셜벤처의 현재 상황을 이해하는 데 도움이 될 수 있도록 수치화하는 것이 타당하다. 한편, 소셜벤처는 단순히 수익으로만 가치를 평가하기는 어렵다. 경제적 가치와 더불어 서비스가 사회에 미치는 영향에 대한 가치가 더욱 중요할 수도 있다.

3) 소규모 모의실험 반복(Plan mini-pilots & iteration)

소규모 모의실험 반복을 통하여 있으면 좋은 기능과 필요 없는 기능을 나누어 필요 없는 부분은 즉시 제거하여 불필요한 낭비를 줄여 빠르게 실행할 수 있는 최소요건제품을 만들 수 있도록 조절한다. 소규모 모의실험 워크시트를 활용한 반복적 확인 작업이 효과적이다(그림 2-21).

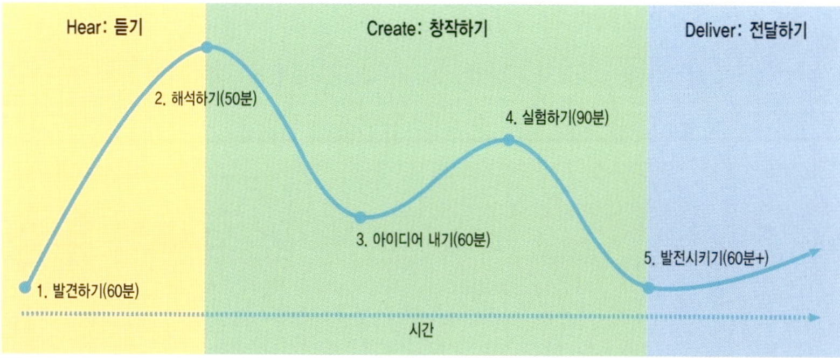

	Hear	Create			Deliver
목적	• 대상자의 니즈, 바람 및 미래의 소원을 이해하고 문제점을 인식, 챌린지 도전 과제의 발견 □	• H단계에서 발견한 것들을 공유하고 해석 □	• 챌릭지를 달성할 수 있는 아이디어 도출 □	• 도출된 솔루션을 실현하여 검증 □	• C의 솔루션을 실현가능하고 지속적이게 만들 것인가를 고려, 더 나은 솔루션으로 발전 □
단계	• 디자인 챌린지 이해하기 □ • 조사 준비 및 실시 □ • 영감 수집하기 □	• 이야기 해보기 □ • 의미 찾아보기 □ • 기회 포착하기 □	• 아이디어 만들기 □ • 아이디어 다듬기 □	• 프로토타입 만들기 □ • 피드백 받기 □	• 최종 발표 및 평가 □ • 다음 계획 세우기 □
방법	• 챌린지 정의법 □ • 데스크 리서치 □ • 필드 리서치(관찰 및 인터뷰) □	• 리서치 공유하기 □ • 깊게 살펴보기 □ (주제 찾기) • HMW+시각화 하기 □	• 브레인스토밍 □ • 솔루션 선택하기 □ • 솔루션 설명하기 □ (스케치 등)	• 이야기, 모형, 도표, 광고, 역할극, PT 등 □ • 공유 및 피드백 정리 □ (World Cafe)	• 크라우드 펀딩 □ (HCD Tookit Process 과정 발표) • 계획표 만들기 □ (Lean Start-up)
결과물	• 우리의 챌리지 □ • 리서치 기록 □ • 니즈, 장애물, 제약에 대한 깊이 있는 이해 □	• 의미와 기회 □	• 수많은 아이디어 □ • 솔루션 □	• 프로토타입 □ • 피드백 내용 □	• 최종솔루션 □ • 적합성, 실현가능성, 지속성 평가 □ • 영향력 파악 □ • 실형 및 학습 계획 □

* 출처: IDEO.org(2014)

그림 2-21. 사람중심 소셜벤처 설계

제 3 장

소셜벤처 운영

3.1 소셜벤처 비즈니스 모델 특징

소셜벤처에서 비즈니스 모델은 사회복지, 경제적 안정, 환경이익, 기업이익, 사회적 발전 등의 내용을 포함한다. 따라서 소셜벤처의 비즈니스 모델은 사회적 복지와 경제적 이익뿐만 아니라 환경적 이익도 고려해야 한다. 좀 더 세부적으로 살펴보면, 소셜벤처의 비즈니스 모델의 특징은 소셜미션, 가치제안과 가치 창출, 비즈니스 모델의 검증 방법 등에서 일반기업과 차별된다.

1) 소셜미션 정립

소셜벤처에게 있어서 소셜미션(Social mission)은 기업이 존재하는 근본 이유이며, 창업팀이 주목하는 사회적 문제와 그 문제를 해결하고자 하는 창업자와 팀원의 열정이 담겨 있다. 소셜미션은 일반 영리기업과 소셜벤처를 구분하는 핵심적인 기준이 되는데, 비즈니스 관점에서 소셜미션이 중요한 이유는 창업팀의 의사결정, 가치와 문화 및 동기부여, 소셜벤처 마케팅, 업무 프로세스 및 수익을 분배에 있어서 기준이 되기 때문이다. 소셜미션을 수립하기 위한 프로세스는 사회적 문제 인식, 아이디어와 기회 파악, 사회적 경제적 가치 파악, 소셜벤처 창업가 및 내부 구성원에 의한 미션 정의, 이해관계자 공감대 형성의 과정을 거치게 된다(표 2-11).

표 2-11 소셜미션이 중요한 이유

구분	세부내용
의사결정	신규사업 진출 혹은 제품이나 서비스 개발 시 기준 이사회/경영진 구성에 소셜미션 관련 이해 관계자 참여
가치와 문화, 동기부여	조직내부의 공통 소통도구 및 방향성 제고 기업경영의 가장 강력한 동기부여
소셜벤처 마케팅	정부, 대기업, 공공기관 및 일반소비자가 공감하는 소셜미션을 제공하는 가능한 마케팅 도구
업무 프로세스	제조 및 서비스 제공 인력을 사회적 취약계층을 활용 취약계층고용, 착한 구매, 기부 연계 마케팅
수익분배	발생한 수익의 상당 부분을 취약 계층 및 지역사회 분배를 통한 사회 환원

* 출처: 김진수 외(2017)

2) 소셜벤처의 가치제안과 가치 창출

소셜벤처의 비즈니스 모델은 기업이 자신의 미션을 달성하기 위하여 어떤 가치를 제안하고, 어떻게 가치를 창출하고, 확보하는지를 설명하는 기업의 전략실행을 안내하는 지도이며, 어떤 제품이나 서비스를 어떻게 소비자에게 제공하고 어떻게 마케팅하며, 어떻게 수익을 창출할 것인지에 대한 계획 또는 사업아이디어라고 할 수 있다(김진수 외, 2017).

비즈니스 모델은 비즈니스의 본질인 가치 창출의 흐름을 기준으로 소셜벤처의 비즈니스 모델도 가치제안, 가치 창출, 가치 확보의 3가지 차원으로 구성된다(그림 2-22).

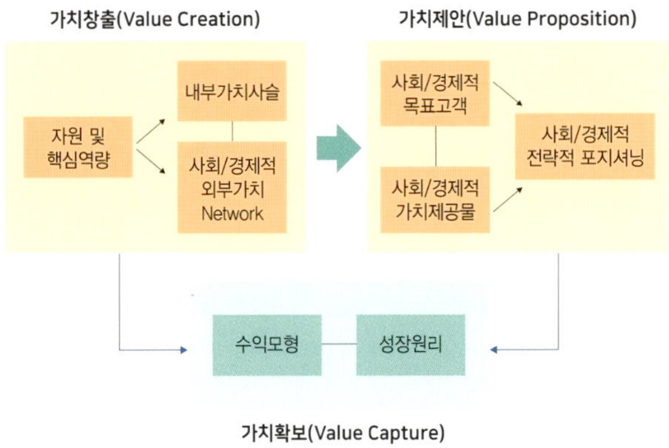

* 출처: 김진수 외(2017), 저자 재작성

그림 2-22. 소셜벤처 가치창출

가치제안(Value proposition)은 목표 고객에게 어떤 가치를 어떤 형태로 제공할 것인가에 관한 것으로, 고객은 기업의 가치제안 내용을 보고 기업이 제공한 가치를 평가하면서 구매를 결정하는 것이며, 가치 창출(Value creation)은 가치제안을 현실화하는 것으로서 가치제안에서 약속한 가치 제공을 고객과 이해관계자에게 실제 어떻게 제공할 것인가에 관한 것으로 가치를 담은 결과물을 개발, 생산 및 전달하는 가치 창출 프로세스의 구조와 역량을 의미한다. 마지막으로 가치 확보(Value capture)는 어떻게 가치를 화폐가치로 회수할 것인가에 관한 것으로서 비즈니스의 수익 창출 모형(Revenue model)과 이익구조모형(Economic model)으로 구성된다(김진수 외, 2017).

3) 소셜벤처의 비즈니스 모델 검증

일반적으로 사업모델 검증을 위하여 사용되는 비즈니스 모델 캔버스는 아홉 가지 요소에 대하여 가치제안, 고객과의 관계, 내부자원 활용 및 비용구조에 대하여 점검을 시행하지만, 소셜벤처의 경우는 사회적 비용(Social cost) 및 사회적 효과(Social benefit)를 포함하여 비즈니스 모델을 검증한다. 한편, 사회적 비용 및 효과를 포함한 11블록 검증에서 소셜벤처가 중요하게 여기는 소셜임팩트, 차별성 및 이해관계자 등의 요소가 잘 드러나는 소셜 린 캔버스(Social lean canvas)를 통한 검증을 하는 것도 좋은 방법이 될 수 있다(그림 2-23).

<table>
<tr>
<td rowspan="2">Key Partners
주요파트너
비즈니스를 성공적으로 수행하기 위해 꼭 필요한 파트너는 누구인가?</td>
<td>Key Activities
핵심활동
비즈니스 목표달성을 위하여 행하는 주요활동은?</td>
<td rowspan="2">Value Proposition
가치제안
솔루션의 차별점은 무엇이며 관심를 유도하는 가치는 무엇입니까?</td>
<td>Customer Relationships
이해관계자 관계
이해관계자들과 어떤 관계를 구축하고 협업하고 있는가?</td>
<td rowspan="2">Customer Segments
이해관계자
비지니스를 통하여 영향을 받거나, 영향를 끼치는 이해관계자는 누구인가?</td>
</tr>
<tr>
<td>Key Resources
핵심자원
비즈니스를 시작하고 유지하며 계속 발전시키기 위해 필요한 지원은?</td>
<td>Channels **채널**
비즈니스이 주요 수혜자와 고객은 어떤 방식과 지점에서 솔루션을 인지하고 혜택을 누리는가?</td>
</tr>
<tr>
<td colspan="2">Cost Structure **비용구조**
비즈니스를 진행하는데 소요되는 모든 비용요소는 무엇입니까?(인건비, 연구개발비, 사업운영비, 제품 제작비, 홍보비 등)</td>
<td colspan="3">Revenue Streams **수익원천**
비즈니스를 지속가능하게 만드는 주요 수익의 원천(후원, 매출, 투자 등)은 무엇이며, 그 전략은 무엇입니까?</td>
</tr>
<tr>
<td colspan="2">Social Cost **사회적 비용**
우리 비즈니스 모델에 내재되어 있는 중요한 사회적 비용요소는 무엇인가?</td>
<td colspan="3">Social Benefits **사회적 편익**
간접적 2차적 편익은 무엇인가?</td>
</tr>
</table>

* 출처: 김진수 외(2017)

그림 2-23. 소셜벤처 비즈니스 모델 11블럭 검증

3.2 소셜벤처 사업 타당성 분석

사업 타당성 분석은 사업계획서를 작성하기 전에 해당 아이디어의 사업화 성공 가능성을 검토하는 단계를 말한다. 사업 타당성 분석은 창업자(팀)의 역량, 기술성, 시장성, 수익성 등을 기본적으로 검토하고 이외에는 위험 요소 등의 내용을 분석하는 과정으로 이루어진다.

1) 소셜벤처 사업 타당성 분석의 정의

일반기업 혹은 벤처기업의 사업 타당성 분석은 평가 요소 및 가중치 등에 따라 달라질 수 있지만, 창업 수행능력 및 적합성 분석, 해당 사업의 시장성 분석, 기술적 분석 등을 고려한다. 상대적으로 소셜벤처의 경우 기본적인 구조는 유사하지만, 사회적 니즈(Needs) 또는 문제(Problem)해결을 위하여 명확한 사회적 요구에서 출발해서 최종적으로 사회적 영향력을 통해 성과를 측정하기 때문에 다음과 같은 조건이 성립되어야 한다(김진수 외, 2017).

① 경쟁 시장/현실시장에서의 실패 혹은 사회적 문제해결 역량
② 시장실패 혹은 사회적 문제를 완화하기 위한 명확한 전략
③ 시장잠재력
④ 생존능력 설계
⑤ 사회적 가치와 영향력을 창조하기 위한 잠재력

2) 소셜벤처 타당성 분석의 체크리스트

소셜벤처 타당성 분석은 사업계획서를 작성하기 전에 소셜벤처의 미션, 비즈니스 모델 및 중요한 위험과 기회 요소에 이르기까지 다양한 방법을 점검하는 과정으로서 소셜벤처의 배경, 시장의 실패 및 사회적 문제해결 방안, 설계기준, 전략, 금전적 영향력, 시장분석, 산업분석, 경쟁 구도, 비즈니스 모델, 운영 요구사항, 관리 요구사항, 금융요구사항 및 중요한 위험과 기회 등에 대한 점검이 필요한 것이다.

3.3 소셜벤처 사업계획서

1) 소셜벤처 사업계획서 개념

(1) 소셜벤처 사업계획서의 정의

비즈니스 모델은 고객이 원하는 가치를 발견하고 이를 통하여 수익을 창출하는 방법을 설계하는 것이며, 비즈니스 모델의 구체적인 실행계획을 수립하는 것은 사업계획서를 작성하는 것이다. 사업계획서에는 시장규모와 성장 가능성, 팀 구성, 자금, 생산방법, 마케팅 그리고 사업추진 일정 등에 대하여 구체적인 실행계획을 수립하는 것을 말한다. 한편, 사업계획서는 우선 투자자와 이해관계자가 사업에 대한 신뢰, 내부 구성원들과 비전을 공유하고 사업의 이해도를 높이는 데 가장 중요한 자료이다.

(2) 소셜벤처 사업목표 설정의 원칙

사업목표 수립의 원칙으로 SMART 원칙이 일반적으로 적용된다. 이는 구체성, 측정 가능성, 달성 가능성, 현실성과 관련성 및 목표 기간이 다(표 2-12).

표 2-12. 소셜벤처 사업목표 설정 원칙

원 칙	내 용
구체성 (Specific)	사업계획서는 구체적 목표가 제시되어야 하는데 다음 6가지 질문에 답을 할 수 있도록 준비되어야 한다. ① 담당 책임자, ② 구체적인 목표, ③ 장소, ④ 기간, 시간적 구분, ⑤ 필요한 요구 및 제약사항, ⑥ 목표달성이 가져올 혜택, 이유, 목적 등이다.
측정 가능성 (Measurable)	사업목표 측정 시 측정이 가능한 방식으로 목표가 설정되어야 사업에 대한 평가가 가능하다. 목표 자체를 계량화하면 실행과 정의 등이 계량 측정이 가능하므로 이를 통한 통제가 명확할 수 있다.
달성 가능성 (Attainable)	소셜벤처의 추구목표는 노력의 결과에 따라 달성이 가능한 목표를 설정하는 것이 중요하다. 단계적 발전 가능 목표를 수립하는 것이 적합하다.
현실성, 관련성 (Realistic & Relevent)	사업계획서 작성 시 제시할 소셜벤처의 사업목표는 소셜벤처가 해결하고자 하는 문제 즉 사회적 문제는 현재 직면하고 있는 지극히 현실적인 문제들이어야 한다. 또한, 사업의 비전과 관련성이 있어야 한다.
목표기간 (Time-based)	소셜벤처의 사업목표는 달성 가능한 여러 실행목표로 나누는데 각각의 실행목표가 기간적으로 구분되어 실행 및 통제를 할 수 있어야 한다.

* 출처: 저자편집(2021)

2) 소셜벤처 사업계획서 구성요소

소셜벤처 사업계획서는 사회적 가치실현을 통한 영향력 확보, 경쟁자 및 파트너십의 등이 명시된 내용에서 일반사업계획서와의 차이를 갖는다. 소셜벤처 사업계획서의 구성요소는 아래 10가지 내용을 포함한다.

① 사회적 문제와 기회인지(Problem/opportunity)

② 미션, 비전, 핵심가치(Mission, vision, core value)

③ 변화의 당위성(Theory of Change)

④ 해결방법(Solution)

⑤ 사회적 영향력(Social impact)

⑥ 경쟁자 분석과 파트너십(Competition analysis and partnership)

⑦ 비즈니스 모델(Business model)

⑧ 소셜마케팅(Social marketing)

⑨ 팀 구성과 인력계획(Team & HR plan)

⑩ 재무계획(Financial plan)

3.4 소셜벤처 사업 실행

1) 소셜벤처 팀 빌딩

소셜벤처의 실행은 팀 빌딩, 창업자금, 재무관리 및 마케팅에 해당하는 이야기다. 경영학자 조지 도리어트(George Doriot)는 사업아이디어가 A급이고, 창업팀이 B급인 것보다는, 사업아이디어가 B급이고, 창업팀이 A급인 것이 낫다고 표현했는데 이는 창업팀의 팀 빌딩의 중요성을 언급하는 내용이라 할 수 있다(김진수 외, 2017).

창업을 시작한 기업들은 신생기업의 한계(Liability of newness) 현상에 시달리는데 이는 기존기업에 비하여 상대적으로 부족한 자원 때문인데 주로 자본, 인력, 네트워크 등의 부족함으로 인하여 창업 활동에 한계가 있음을 의미한다. 이러한 신생기업의 한계를 극복하는 가장 좋은 방법은 다방면에 지식과 경험을 확보한 사람들로 구성된 역량 있는 창업팀을 구성하고 어려운 상황을 극복해 나가는 데 있다. 투자자들은 아이디어 못지않게 창업기업의 팀 구성을 중요시하는데 아무리 혁신적인 아이디어가 있다 하더라도 이를 이끌고 갈 인력이 없다면 사업이 진행될 수 없는 데서 그 원인을 찾는다.

창업팀(Entrepreneurial team)은 기존에 존재하지 않는 새로운 조직을 만들어 가는 집단이라는 점에서 조직 내의 일반적인 팀과 개념상의 차이가 있다. 즉, 창업팀은 새로운 비즈니스를 공동으로 시작하기 위해 구성된 집단으로 정의할 수 있다. 창업팀은 기업설립 시점에 구성원 간 다양한 이해관계(리더십, 의사결정 구조, 동기부여, 소유권 지분율 등)을 비롯하여 창업 리스크, 미션, 비전에 대한 공유가 중요하다.

특히, 소셜벤처의 경우에는 경제적 가치와 사회적 가치를 함께 추구하는 과정에 많은 리스크를 부담할 수 있다는 측면에서 내부 구성원 간 미션에 대한 합의와 공유가 더욱 중요하다. 팀 빌딩(Team building)의 목적은 상호협력 및 조직과의 일체감을 높임으로써 팀의 효과성을 높이는 것에 있으며, 팀 빌딩을 통하여 구성원이 가진 자원을 활용할 수 있게 되어 창업기업이 직면하는 여러 가지 어려움을 극복하고 미션을 달성할 수 있도록 도와주는 힘이 된다.

Arnold Bateman은 팀 빌딩이란 하나의 팀이 서로 함께 일하는 과정을 배워가며 팀 구성원들이 조직에 좀 더 공헌할 수 있도록 격려하고 가치를 부여하는 환경을 만들기 위한 노력이라고 말하였다(표 2-13). 팀은 혼자 하는 것이 아니고 항상 여럿이 함께하는 것이기에 끊임없는 노력이 필요하다(김진수 외, 2017).

표 2-13. 우수한 소셜벤처 팀의 특성

1. 목표와 가치가 분명하다. 모든 구성원들은 목표와 가치를 이해하고 수용한다.
2. 구성원들은 목표와 결과 지향적으로 행동한다.
3. 구성원들은 자신의 업무를 이해하고, 자신의 역할이 팀 전체의 업무에 어떻게 기여하는지 이해한다.
4. 서로 신뢰하고 지원하는 문화를 가지고 있다.
5. 의사소통이 개방적으로 이루어진다. 구성원들은 팀과 조직의 목표를 위해 관련된 모든 정보를 기꺼이 공유하려고 한다.
6. 구성원들은 의사결정에 참여할 수 있다. 그들은 영향력을 가진 사람이 원하는 결정이나, 자세한 정보에 입각해서 자유롭게 결정을 내린다.
7. 모든사람들이 결정을 헌신적으로 실행한다.
8. 리더는 다른 사람을 지원해 주며, 개인적으로도 높은 수행기준을 설정한다.
9. 의견차이를 인정하며, 무시하거나 가볍게 다루지 않는다.
10. 팀 구조와 절차는 과제, 목표 및 사람과 일관된다.

* 출처: 김진수 외(2017)

2) 팀원의 구성

① 팀원 선정의 고려사항

소셜벤처의 경우에는 창업자를 비롯한 주요 구성원들은 인적 자원이 성공과 실패를 가름하는 핵심 요인이 되기 때문에 팀원들 각각의 기능과 역량을 최대한 끌어내고 보완할 수 있도록 구성해야 한다. 특히 소셜벤처가 포함된 사회적 경제 분야는 섹터 간 통합과 융합, 협동이 필요하다. 따라서 기업, 정부, 비영리단체에서 요구되는 역량이 통합적으로 요구되기 때문에 소셜미션에 대한 열정이 있으며, 끊임없는 혁신적 자세와 실행력을 갖추어야 한다.

② 창업팀의 규모 및 핵심역량

소셜벤처 창업팀의 규모는 해당 산업의 특성과 팀원들이 보유한 핵심역량이 비즈니스 모델 개발과 사업화에 필요한 자원의 충족 여부에 따라 달라질 수 있다. 따라서 창업팀의 규모별 성과 영향을 고려하여 최적의 팀원 구성을 구상하여야 한다. 한편 창업팀의 핵심역량은 기업의 비즈니스 개념을 구성하는 데 중요한 역할을 한다.

창업팀 구성원의 핵심역량은 현재 보유한 자산이나 매출 결과보다 잠재력 즉, 성장 가능성에 기초하여 고려해야 한다. 따라서 신생 창업기업의 팀 구성원의 핵심역량은 적격성과 적합성으로 구분하여 판단할 필요가 있는데 적격성은 창업아이디어와 비즈니스 모델 개발에 필요한 전문적인 능력으로 전문지식과 기술, 경험, 자본 등을 적격성 역량이라 할 수 있다.

상대적으로 적합성은 융통성, 학습과 변화에 대한 빠른 적응력 등과 같은 요인들이 팀 조화에 중요한 기능을 하게 됨을 말하며, 구성원 간의 신뢰를 기반으로 소셜미션, 비전, 목표, 가치와 신념을 공유하고 있다면 창업팀의 결속력과 지속성은 더욱 증대되게 된다.

3) 소셜벤처의 운영방식

소셜벤처 및 사회적 경제 조직은 호혜, 연대 그리고 민주적 의사결정을 원칙으로 공동의 사회적 욕구를 가진 이해관계자들이 사회적 가치를 실현하기 위해 자발적으로 참여하여 자원을 생산, 교환, 분배, 소비하는 경제활동이라 할 수 있다. 따라서 소셜벤처의 운영방식은 사회적 경제 조직들이 가지고 있는 공통의 운영 원칙을 고려하여 논의되고 수립되어야 한다(표 2-14).

표 2-14. 소셜벤처의 운영방식

운영방식	내 용
협력적 리더십	• 협력적 리더십에서 가장 중요한 것은 듣는 힘이다. • 협력적 리더의 영향력은 구성원의 다양한 의견과 아이디어를 통하 창의적으로 일할 수 있도록 지원하고 자발적 참여와 의사결정을 끌어내는 것이다. • 서로 간의 능력이나 지향의 차이를 인정하고 이들을 서로 협력하게 함으로써 책임감을 느끼게 한다.
민주적 의사결정구조	• 민주적 의사결정 구조란 소셜벤처가 가지고 있는 사회적 목적을 달성하기 위해 근로자, 수혜자, 지역 관계자, 외부 전문가, 후원자와 연계기업 등 다양한 이해관계자가 실질적으로 의사결정 구조에 참여할 수 있어야 하며, 이를 정관 혹은 운영 규정에 명기되어 있어야 한다.
지분 및 보상체계	• 지분 및 보상체계는 출자한 금액, 팀원 각자가 기여 하는 핵심기술 경영전략 및 관리, 영업 및 판로개척 등의 정도에 따라 그 중요도를 반영하여 문서화 하고 합리적인 지분구조를 통하여 전체 구성원 간에 합의가 이루어져야 한다.
의사소통	• 소셜벤처 조직의 소통 핵심은 협력적 리더십과 민주적 의사결정 구조이며, 이 들이 조직 내 정착되어 있으면 소통이 원활하게 이루어진다.
갈등관리	• 조직 내 갈등 발생 원인은 달성하고자 하는 목표의 선호가 각기 다르거나 수행 방법의 불일치 • 팀원 개인별로 지각 · 욕구 · 가치관 및 성격의 차이 • 조직 내 한정된 자원, 자원의 분배과정 • 보상체계의 불합리 등 다양한 요인이 있다. • 갈등 요소에 대한 개별적 해결방안의 모색이 중요하다.
네트워크 관리	• 소셜벤처 창업팀이 사회에 선순환의 역할 및 지속가능성을 확보하기 위해서는 전략적 측면에서 조직 간 네트워크 관리가 필요하다. • 관리의 중요 요소는 네트워크 형성에 시간과 역량의 투여와 상대방과의 호혜성의 유지를 통한 win-win 방식의 유지여야 한다.

* 출처: 저자편집(2021)

4) 소셜벤처 자금

한편, 기업 운영에 있어서 창업자금의 조달과 활용 그리고 관리의 중요성을 언급하지 않는 것은 소셜벤처 실행 의지가 없는 것과 같은 상황이라 할 수 있으며, 마케팅은 가치에 관한 것으로서 고객이 우리에 대해 어떻게 기억할지를 분명히 정해야 한다고 말한 것처럼 소셜벤처 마케팅의 특성에 대한 이해 및 효과적인 소통 방법을 찾아야 한다.

① 창업자금 조달의 중요성

창업의 3대 요소를 들자면 기업가정신, 아이디어 그리고 창업자금 등의 세 가지를 들 수 있다. 이 중 창업자금은 창업 과정은 물론 창업 후 운영과정까지 가장 큰 어려움으로 언급되는 부분이다. 창업 초기 기업이 빠르게 안정을 찾아갈 수 있는 가장 효과적인 방법은 충분한 자금 확보를 통하여 안정적인 현금 흐름 유지, 제품 및 서비스 개발을 위한 투자 등이 적시에 이루어지는 데 있다(그림 2-24).

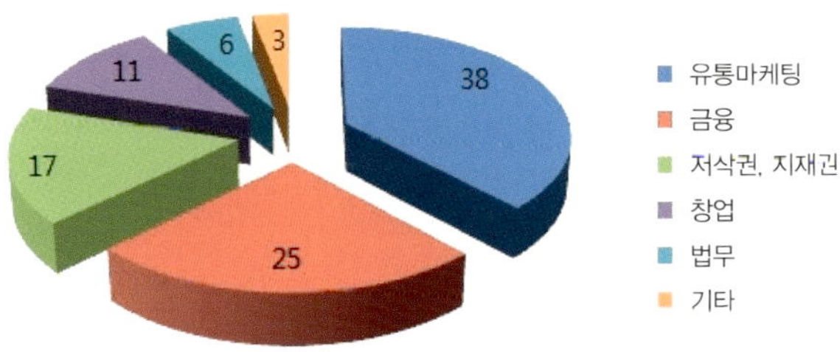

* 출처: 한국콘텐츠진흥원(2013)

그림 2-24. 창업기업의 애로사항

② 소요자금 추정을 통한 자금조달

소요자금이란, 창업 시 필요한 자금이 얼마나 필요한지 추정해 보는 것으로 크게 고정자금(초기투자금, 시설자금)과 운전자금으로 나누어지며, 초기투자금은 사무집기, 비품, 사무실 임차료, 통신비 등이며, 시설자금은 고정자산을 사는 데 필요한 자금이다.

소요자금이 추정되면 자금을 어떻게 조달할 것인지에 대한 계획을 수립해야 하며, 조달방법은 일반적으로 금융기관에서 대출을 받거나 채권을 발행하는 등 부채의 형태로 조달하는 방식과 주식을 발행하여 자금을 조달하는 방식이 있다.

③ 정책자금 활용방안

중소벤처기업부를 비롯한 정부 부처에서는 정부 예산을 편성하여 벤처기업을 지원하는데 소셜벤처 창업기업들도 이러한 정책자금 지원사업 참여를 통하여 창업에 필요한 자금을 조달할 수 있으며, 이와는 달리 정부, 공공기관, 기업, 민간재단과의 협력을 통하여 소셜벤처를 지향하는 창업기업들만 참여하여 활용할 수 있는 자금과 지원 사업들이 있어서 소셜벤처 창업자는 이를 눈여겨 지켜볼 필요가 있다.

창업 준비 및 실행 단계에 있는 소셜벤처의 경우 자금조달을 위해서 각종 경연대회, 육성사업, 오디션, 공모전, 모태펀드 등의 사업 등이 있을 수 있다. 한편, 성장 및 성숙단계의 소셜벤처의 경우에는 임팩투자, 소셜벤처 캐피탈, 사회적기업 나눔보증, 미소금융, 서울시 사회투자기금, 함께 일하는 재단 대출사업, 한국 수출입은행 지원 사업 등 다양한 정책자금 지원 사업이 있다.

④ 투자유치

투자유치를 위해서는 투자자와 지속적인 관계설정(Investor Relations)이 필요하며 이를 통한 투자유치방안은 비즈니스 엔젤, 엑셀러레이터, 크라우드 펀딩, 소셜벤처 캐피탈리스트 등이 있다.

4) 소셜벤처 마케팅

미국 마케팅 학회에서는 마케팅이란 고객, 의뢰인(클라이언트), 협력사, 그리고 넓게는 사회를 대상으로 가치 있는 제공물을 창조하고, 소통하고, 제공하고, 교환하는 활동과 제도 및 과정을 말한다. 마케팅은 고객과의 관계에서 고객의 요구를 충족시켜야 하며, 고객과 지속해서 소통하는 활동이자 과정이다.

소셜벤처의 마케팅은 창업마케팅이라는 용어로 설명되는데 이는 위기관리, 자원 활용 극대화 및 가치 창출을 위한 혁신적인 접근 방법을 을 통하여, 수익을 제공하는 고객들을 확보하고 유지할 기회를 상황에 앞서 주도적으로 확인하고 활용하는 활동으로 정리한다. 소셜벤처 마케팅과 일반기업 마케팅과 구분되는 중요한 관점은 위기관리와 자원 활용의 극대화와 혁신적인 접근 등이다.

이는 소셜벤처는 인적, 물적 자원이 한정되기 때문에 마케팅에 자원을 투입할 여력이 부족하다. 따라서 마케팅 전략을 수립할 때 위기관리는 반드시 동반되는 것이며, 한정된 자원의 활용을 극대화하기 위해서는 차별화된 혁신적인 방법을 사용해야만 하는 것이다. 소셜벤처의 마케팅 전략 전체 5단계로 수립된다(표 2-15).

표 2-15. 소셜벤처의 마케팅 전략 프로세스

단계		내용	방법
1단계	외부분석 (External Analysis)	- 고객, 경쟁자, 산업분석 - 시장/소비자조사 및 STP분석	- 시장분석 - STP분석
2단계	내부분석 (Internal Analysis)	- 가치제안 - 사회적영향력(Social Impact)	- SWOT분석 - 3C분석
3단계	확장 (Firm Development)	- 시장의 확장 - 제품의 확장	- 제품 - 시장확장
4단계	전략의 선택 (Strategy Selection)	- 마케팅 믹스 등 전략수립 - 브랜딩	- 4P Mix
5단계	소통 (Communication)	- 소셜벤처만의 고객 소통법 - 개발 투자자, 후원자, 행정기관 등의 고객에게 투명성과 진정성 전달	- Direct Marketing - Newsletter - 각종 보고서

* 출처: 김진수 외(2017)

3.5 소셜벤처 성장과 지속가능성

1) 신생 소셜벤처의 성장과 실패

조직의 성장단계이론에 의하면 조직의 성장은 창업단계, 집단공동체 단계, 공식화 단계, 정교화 단계의 4단계를 걸쳐 성장기와 변혁기의 순환을 거친다고 말한다. 소셜벤처도 이와 마찬가지며, 창업 초기인 창업 단계에서는 소규모의 조직 규모를 가지며, 창의성을 기반으로 성장기반을 마련한다.

집단공동체 단계에서는 리더십과 속도보다는 기업의 명확한 방향설정을 중심으로 안정을 기해야 한다. 기업 성장 중 공식화 단계의 의미는 조정 및 통제시스템의 정교화를 추구하며 마지막으로는 내·외부 간 팀워크를 형성하며 기업 성장의 정교화를 꾀하게 된다.

한편, 통계청 자료에 의하면, 신생기업은 창업 이후 1년 안에 문을 닫는 확률이 약 40%에 이른다. 신생기업의 주된 실패 요인은 기회 활용의 실패, 조직구조와 문화의 문제, 리더십의 문제 등을 들 수 있다. 여기서 기회 활용의 실패는 시장의 니즈를 정확히 파악하여 이를 충족시키지 못하는 경우로서 이는 사업 초기에 기회 설정의 오류와 새로운 기회 창출에 실패하는 경우를 말한다.

조직구조 및 문화의 경우는 사업환경의 변화에 적응하지 못하는 데 기인한다. 경직된 조직문화와 조직이 타성에 빠지는 경우 조직문화의 획일화로 인한 변화에 적응 실패로 이어진다는 의미이다. 한편, 리더십의 실패는 창업가가 가지는 기업가적 역량뿐만 아니라 창업가의 체계적 관리역량의 필요함을 설명한다.

2) 소셜벤처의 위협요인

기업은 항상 여러 가지 위협에 노출되어 있고, 이에 적극적으로 대응하지 못하는 경우 결국 문을 닫는 경우가 많다. 소셜벤처 또한 일반 신생기업과 마찬가지이며 소셜벤처의 위협요인은 일반적으로 대체재의 등장, 정부 공공정책의 변화, 인구통계학적 변화, 소셜벤처의 목적 상실, 비즈니스 모델의 오류 등을 들 수 있다.

3) 소셜벤처의 성공

소셜벤처의 성공은 일반기업과 다름을 우린 알 수 있다. 일반 영리기업의 경우 단순히 경제적 부를 창출하고 고용을 창출하는 것을 성공이라 말할 수 있으나 소셜벤처의 경우는 사회적 가치획득을 위하여 그들의 미션을 어떤 방식으로 어떻게 수행하는 것인가에 대한 방법론적 원칙이 중요하다.

소셜벤처의 성공 요인은 앞서 언급한 소셜벤처 운영의 효과적 팁을 설명하는 내용 중 자금 흐름에 해당하는 유형 자원의 성공적 운영을 제외하고는 모든 측면에서 유사성을 갖는다. 소셜벤처의 성공 요인은 결국 팀 운영의 효과성에서 찾을 수 있는 것이다(표 2-16).

표 2-16. 소셜벤처의 성공요인

성공요인	세부요인	내용
조직	인적자원관리	보상체계의 명료화, 교육 및 네트워크 기회 제공 사내 소통 장려
	조직문화	미션과 비전을 공유하는 긍정적 조직문화 형성
	조직진단	조직역량 극대화를 위한 자가진단
리더십	창업가의 성장	적절한 업무 위임과 관리역량을 가진 리더로 성장
	새로운 기회	고객의 니즈를 충족하기 위한 독창성 및 가치 추구 전략
	업무의 위임과 분권화	자주적이고 주체적인 조직의 의욕과 성과를 끌어내는 적절한 권한이양(Empowerment)
네트워크	네트워크 전략	신뢰 기반 인간관계 형성, 기업 간 협력적 파트너십
자원	무형자원관리	인적자원(Human Resource)관리
	유형자원관리	자금 및 자금흐름, 마케팅

* 출처: 저자편집(2021)

제4장

소셜벤처 대상기술

4.1 소셜벤처 유망기술

소셜벤처는 사회적 가치를 중요하게 생각한다는 관점에서 기술(Technology)과는 거리가 먼 기업으로 인식하는 경향이 있지만, 소셜벤처 중에는 최신기술을 적극적으로 활용하여 성공한 기업이 많이 있다. 소셜벤처 중 여러 기업은 사회격차 해소 차원에서 과학기술의 혜택을 모든 사람이 받을 수 있으며, 사회적 약자의 복지를 향상을 위하여 의료격차 해소, 정보격차 해소, 에너지 격차 해소, 문화 및 교육격차 해소 분야의 미래 유망기술을 활용하고 있다(그림 2-25).

* 출처: 한국과학기술정보연구원(KISTI)(2020)

그림 2-25. 미래유망기술 10선

4.2 적정기술

개발도상 국가의 국민이나 사회적 약자의 필요를 발굴하여 이를 충족시키기 위해서는 고가의 첨단기술보다 간단하고 사용하기 쉬우며, 친화성이 높은 기술지식을 활용할 필요가 있다. 적정기술(Appropriate technology)이란 사회 니즈에 맞추어 기존의 기술을 새롭게 재설계, 재조합하여 서비스 전달체계와의 연결을 통하여 고객 친화적 혁신을 끌어내는 기술을 말한다.

하지만, 근래 들어서는 인공지능(AI) 및 사물인터넷(IoT) 기술도 적정기술 범주로 들어오며 경제적 빈곤의 문제뿐만이 아닌 기술활용의 상대적 빈곤의 한계를 넘어서는 단계에 와있어 적정기술의 활용범위는 지속해서 넓어지고 있다.

적정기술은 성능이 좋은 기술과 다수가 사용할 수 있는 기술 사이에 존재하는 개념으로 공익기술(Public interest technology), 대안 기술(Alternative technology), 소외된 90%를 위한 기술, 사회적으로 유용한 기술(Social-useful technology) 등의 용어로 사용된다. 적정기술은 공동체의 정치, 문화, 환경적 조건을 반영하여 해당 지역 자체에서 지속적인 생산 및 소비가 될 수 있게 현지의 재료를 활용하여 현지 사람들의 삶의 질 향상에 목적을 두고 있다(그림 2-26).

또한, 저개발 국가뿐만 아니라 선진국이 직면하고 있는 소외계층의 교육, 의료, 교통 등의 불평등 문제를 해결하는 데 저소비, 고효율, 친환경 등을 추구하는 기술개발 방향성을 갖는다. 적정기술의 조건을 살펴보면 다음과 같다(김정태, 2012).

- 적은 비용으로 사용할 수 있어야 한다.
- 가능하면 현지에서 나는 재료를 활용한다.
- 현지화 기술과 노동력을 활용하여 일자리를 창출한다.
- 제품의 크기는 적당해야 하고 사용법은 간단해야 한다.
- 특정 분야의 지식이 없어도 이용할 수 있어야 한다.

- 지역주민 스스로 만들 수 있어야 한다.
- 사람들의 협동작업을 이끌고, 지역사회 발전에 공헌해야 한다.
- 분산된 재생 가능한 에너지 자원을 활용한다.
- 기술을 사용하는 사람들이 해당 기술을 이해할 수 있어야 한다.
- 상황에 맞게 변화할 수 있어야 한다.

* 출처: news.samsung.com

* 출처: Science 10 Section M (sci10sectionm.wordpress.com)

그림 2-26. 적정기술 사례

4.3 공공기술

공공기술(Public licensing technology)이란 공공재 성격을 갖는 재화나 서비스를 제공하기 위한 기술로 민간영역이 자연적으로 개발에 나서기는 어렵지만, 국민 생활의 질 향상을 위해 정부가 주도적으로 개발에 투자하는 기술을 가리킨다. 따라서 이는 정부 R&D 지원금, 즉 세금이 투입된 기술이기에 그 혜택이 공공에 돌아가야 한다는 점을 내포한다.

그러나 중소벤처기업부가 2017년 발표한 통계 조사에 따르면 국내 전체 기술창업 중 본인 아이디어로 창업한 경우가 84%를 차지하며 기술이전을 통한 창업은 10.1%에 그쳤는데 기술이전 주체가 정부 지원금을 받는 공공연구기관 혹은 대학인 경우는 각각 3% 내외에 불과했다.

공공기술 사업화 관련 지원 사업은 기술창업 이후 성공까지 긴 시간 소요되지만, 체계적인 지원을 위한 협력 체계도 부족하고 대학이나 연구소는 기술 아이템을 넘겨준 뒤로 사후관리는 미흡한 상황이라는 전문가들의 의견이 많은 것이 현실이다. 한편, 한국과학기술일자리진흥원은 공공 연구성과를 활용한 기술사업화 생태계를 구축, 일자리 창출까지 나서고 있다.

현재 진흥원이 마련한 사업화 지원 프로세스는 크게 기술이전, 신기술 창업, 연구산업 육성으로 나뉜다. 이를 위해 공통적인 기반으로 온라인 기술거래 플랫폼 '미래기술마당'을 구축, 운영에 나서고 있으며 플랫폼을 통해 수익모델과 우수기술 발굴, 창업자와 투자자 매칭, 연구개발 서비스를 제공하고자 노력하고 있다(그림 2-27).

이러한 플랫폼만의 노력이 아니라 예비창업자 대상 창업 육성 프로그램도 마련, 4단계에 걸쳐 발굴과 육성, BM 발굴 멘토링, 실전 역량 강화, 고도화를 지원하고 IR 코칭까지 제공하고 있어 공공기술을 활용한 창업의 효과를 배가시키고자 하는 노력이 있다. 한국과학 기술 일자리 진흥원에서는 중장기 계획 수립을 통해 실험실 창업과 연구개발서비스업 활성화, 비즈니스 모델 기반 기술사업회 강화 방안을 모색하고 있어 기술창업 특히 공공기술을 활용한 소셜 창업에 관심이 있는 사람은 사회적 문제에 대한 공공기술의 활용이 사회문제 해결에 어떠한 영향을 미칠 수 있는가를 고민하고 이를 기회를 만드는 것이 중요할 것으로 판단된다.

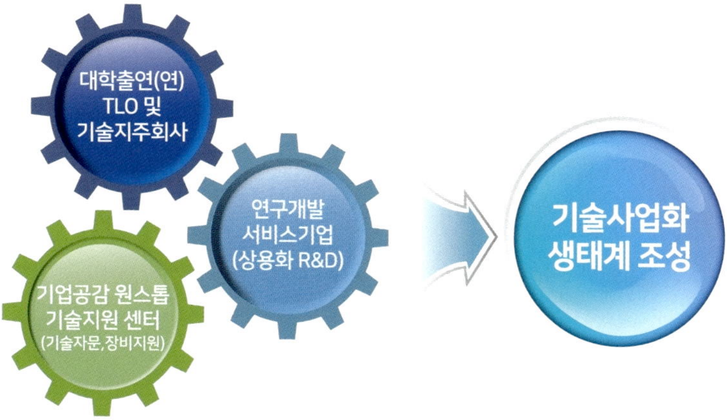

* 출처: 산업일보(2017)

그림 2-27. 공공기술 지원 생태계

여기서 기술이전 · 사업화 업무란 기술알선, 기술평가, 기술거래, 기술정보 유통과 개발된 기술을 이용하여 제품의 개발 · 생산 및 판매 등의 지원업무를 말하는 것이며, 기술이전 · 사업화 전담부서는 기술이전, 창업보육, 특허출원 및 관리 등의 업무를 하는 조직으로 대학의 기술사업센터나 산학협력팀, 공공연구기관의 기술사업화센터, 연구성과 확산팀, 지식재산 경영팀, 창업전담부서 등을 말한다.

우리나라의 공공기술연구기관(대학 및 연구소)의 2019년도 기술이전 및 사업화 실태조사 보고서(산업통상자원부)에 의하면 기술이전 · 사업화 업무를 수행하는 기관은 정부투자 연구원 및 국공립 대학의 연구소 등의 249개 기관이며, 기술이전 · 사업화 전담부서를 보유하고 있는 공공연구기관은 172개이다.

기술이전 계약 건수는 2018년도에 새롭게 체결된 기술이전 계약 건수는 총 8,105건으로 전년도(7,477건)보다 8.4% 증가한 것으로 조사되었으며, 계약 형태별로 보면 유상기술실시(라이선스)가 5,158건(63.6%)으로 가장 많았으며, 기술양도(매매) 1,796건(22.2%), 기타(기술지도, 현물출자 등) 652건(8.0%) 등으로 나타났다. 한편, 공공기술의 기술이전 계약 중 공공연구기관에서 대기업으로의 기술이전은 2.5%, 중견기업 2.0%, 중소기업 89.1%로 중소기업이 대학 · 공공연구소의 주요 기술수요자인 것으로 나타남으로써 중소기업으로의 기술이전 비중이 높은 것으로 파악된다.

마지막으로 공공기술의 기술이전 · 기술사업화의 장애 요인은 기술공급자 관점에서 공공연구기관의 기술이전 · 사업화에 있어서 가장 주요한 장애 요인은 수요 기업 발굴의 어려움(19.0%)인 것으로 조사되었으며, 다음으로 기술이전 사업화 활동을 위한 기관의 인력 및 예산 부족(18.8%), 사업성 · 가치가 높은 기술의 부족(16.3%) 등도 주요한 장애 요인으로 조사되었다.

위에서도 언급되었지만, 공공기술의 기술이전 · 사업화의 어려움 중 가장 큰 비중을 차지하는 것은 결국 수요 기업 발굴의 어려움이었다. 모든 공공기술이 사회문제를 해결에 있어서 혁신성을 제고하고 경제적 지속가능성과 사회적 영향을 끼칠 수 있는 것은 아니다. 다만 소셜벤처를 꿈꾸거나 기존기술과 더불어 기술혁신을 추구하는 소셜벤처 기업은 공공기술에 대한 깊은 이해가 필요할 것으로 판단된다. 이미 그 기술은 공공의 목적으로 활용성을 가시고 있음을 이해할 때 사회문제 해결을 위한 공공기술의 적극적 활용성에 대한 파악이 절실한 실정이다.

4.4 공공데이터

1) 공공데이터의 정의

공공데이터(Open data)란 공공기관이 만들어 내는 모든 자료나 정보, 국민 모두의 소통과 협력을 이끄는 공적인 정보를 말한다. 각 공공기관이 보유한 공공데이터 목록과 국민에게 개방할 수 있는 공공데이터를 포털에 등록하면 모두가 공유할 수 있는 양질의 공공데이터로 재탄생하게 된다고 할 수 있다.

공공데이터의 제공 및 이용 활성화에 관한 법률의 목적은 공공기관이 보유 · 관리하는 데이터의 제공 및 그 이용 활성화에 관한 사항을 규정함으로써 국민의 공공데이터에 대한 이용권을 보장하고, 공공데이터의 민간 활용을 통한 삶의 질 향상과 국민경제 발전에 이바지함을 목적으로 한다고 되어 있다. 또한, 공공데이터 관련 용어의 정의는 다음 순서와 같다.

1. "공공기관"이란 국가기관, 지방자치단체 및 「지능정보화 기본법」 제2조제16호에 따른 공공기관을 말한다.
2. "공공데이터"란 데이터베이스, 전자화된 파일 등 공공기관이 법령 등에서 정하는 목적을 위하여 생성 또는 취득하여 관리하고 있는 광(光) 또는 전자적 방식으로 처리된 자료 또는 정보로서 다음 각 목의 어느 하나에 해당하는 것을 말한다.
   가. 「전자정부법」 제2조제6호에 따른 행정정보
   나. 「지능정보화 기본법」 제2조제1호에 따른 정보 중 공공기관이 생산한 정보
   다. 「공공기록물 관리에 관한 법률」 제20조제1항에 따른 전자기록물 중 대통령령으로 정하는 전자기록물

라. 그 밖에 대통령령으로 정하는 자료 또는 정보

3. "기계 판독이 가능한 형태"란 소프트웨어로 데이터의 개별내용 또는 내부구조를 확인하거나 수정, 변환, 추출 등 가공할 수 있는 상태를 말한다.

4. "제공"이란 공공기관이 이용자로 하여금 기계 판독이 가능한 형태의 공공데이터에 접근할 수 있게 하거나 이를 다양한 방식으로 전달하는 것을 말한다. 한편, 공공데이터 활용에 대한 기본원칙을 명시하여 그 활용성을 높이도록 하고 있는데 그 내용을 살펴보면 아래 순서와 같다.

① 공공기관은 누구든지 공공데이터를 편리하게 이용할 수 있도록 노력하여야 하며, 이용권의 보편적 확대를 위하여 필요한 조치를 취해야 한다.

② 공공기관은 공공데이터에 관한 국민의 접근과 이용에 있어서 평등의 원칙을 보장하여야 한다.

③ 공공기관은 정보통신망을 통하여 일반에 공개된 공공데이터에 관하여 제28조제1항 각 호의 경우를 제외하고는 이용자의 접근제한이나 차단 등 이용저해행위를 하여서는 아니 된다.

④ 공공기관은 다른 법률에 특별한 규정이 있는 경우 또는 제28조제1항 각 호의 경우를 제외하고는 공공데이터의 영리적 이용인 경우에도 이를 금지 또는 제한하여서는 아니 된다.

⑤ 이용자는 공공데이터를 이용하는 경우 국가안전보장 등 공익이나 타인의 권리를 침해하지 아니하도록 법령이나 이용조건 등에 따른 의무를 준수하여야 하며, 신의에 따라 성실하게 이용하여야 한다.

2) 공공데이터의 종류

공공데이터 포털(data.go.kr)을 살펴보면 2021년 2월 현재 55,410개의 공공데이터가 검색되며, 이들 데이터는 파일 데이터 형태, 오픈 API 및 표준데이터 세트 형태로 구분된다. 공공데이터의 비율은 아래 그림 2-28과 같다.

* 출처: data.go.kr/공공데이터포털(2021)

그림 2-28. 공공데이터 활용 지도

3) 공공데이터의 이용정책

공공기관은 공공데이터 포털에서는 포털을 통해 누구든지 공공데이터를 편리하게 이용할 수 있도록 보장하며, 이용권의 보편적 확대를 위하여 노력하고 있으며(공공데이터법 제1조, 제3조), 검색 결과를 통하여 신청된 공공데이터는 공공기관이 이용자가 기계 판독이 가능한 형태의 공공데이터에 접근할 수 있게 하거나 이를 다양한 방식으로 공공데이터 활용을 요청하는 소비자에게 전달하고 있다.

공공데이터 이용 방법은 공공데이터 포털을 통해 제공 중인 공공데이터는 별도의 신청 절차 없이 이용 가능하며, 제공되는 공공데이터의 목록은 각 공공기관의 홈페이지에서도 확인할 수 있다.

공공데이터 포털에서 제공하고 있지 않은 데이터의 경우 제공 신청을 통해 이용할 수 있습니다. 다만, 공공데이터법 제17조 상의 제외대상 정보가 포함되면 제공이 거부될 수 있으며, 이 경우 공공데이터 제공 분쟁조정 위원회에 조정을 신청할 수 있다.

공공데이터 포털은 개인정보 보호법 제30조에 따라 정보 주체의 개인정보를 보호하고 이와 관련한 고충을 신속하고 원활하게 처리할 수 있도록 개인정보 처리지침을 수립 · 공개하고 있다.

Chapter

III

소셜벤처 지원과 창업사례

SOCIAL
VENTURE
START-UP

III. 소셜벤처 지원과 창업사례

제1장

소셜벤처 지원

1.1 소셜벤처 생태계

사회혁신을 이야기할 때 제4 섹터의 핵심 모델 소개되는 소셜벤처에 대한 언급은 다음과 같은 배경을 가지고 있다. 사회적 경제영역으로 달리 표현되는 제3 섹터는 사회적 문제해결에 있어서 제1, 2 섹터인 정부와 시장의 역할과 효율성의 한계를 극복하기 위하여 등장하였다. 그러나, 사회적 경제 기업으로 대표되는 제3 섹터의 지나친 정부 의존도와 취약계층지원이라는 서비스 모델의 동형화가 문제가 됨에 따라 새로운 사회혁신 주체인 제4 섹터에 대한 요구가 등장하였다(Howaldt & Schwarz, 2010).

제4 섹터는 개념적으로 사회혁신의 필수요소인 가치기반의 사회성, 기술기반의 혁신성 그리고 생태기반의 지속가능성을 갖추고 있어 기존의 1, 2, 3 섹터가 해결하지 못하는 사회적 문제를 풀 수 있는 열쇠로 여겨지고 있다(Kaniaa & Kramer, 2011; 주성수, 2017). 이러한 제4 섹터의 핵심 유형으로 '소셜벤처'가 언급되고 있다. 소셜벤처는 아직 학술적으로 그 개념이 정립되어 있지 않으며, 우리나라의 경우 정부에서 그 중요성을 인식하고 있으나 아직 정책 범위 안에서 법적으로 정립되지 않은 문제를 안고 있다.

그러나 이미 국내 · 외적으로 제4 섹터인 소셜벤처에 대한 중간조직의 활성화를 통한 생태계 조성이 이루어지거나 활성화되어 가는 것이 현실이다. 이에 따라서, 우리 정부도 해외의 소셜벤처 육성 및 성공사례를 공유하고 사회적 문제를 사회성과 혁신성 그리고 지속가능성을 갖는 소셜벤처로 해결하고자 하는 흐름의 증가가 있다(최용석, 백보현, 2019).

1.2 소셜벤처 정부 지원

소셜벤처는 정부의 정책대상으로는 중소기업에 속하며, 인증 사회적기업 또는 벤처 확인 기업에도 포함되지 않아 정책적 지원의 사각지대에 놓여있는 것이 현실이다(중소기업연구원, 2017). 그렇지만 정부는 2018년 5월에 '소셜벤처 활성화 방안'을 발표하였는데 그 주요 내용은 '소셜벤처 활성하를 통한 일자리 창출방안' 마련이며 이를 해결하기 위하여 ① 소셜벤처 판별 가이드라인 및 가치평가체계 마련 ② 청년 소셜벤처 HUB 구축 ③ 창업 활성화 및 성장촉진 등을 추진하고자 한다고 하였다.

정부는 소셜벤처를 정책대상으로 지원할 수 있도록 소셜벤처 판별 가이드라인을 민간전문가 중심으로 마련하고, 임팩트 투자기관, 은행, 공공기관 등이 기관별 목적에 알맞게 활용하도록 유연한 기준을 제시할 것이며, 소셜벤처가 올바른 평가를 받을 수 있도록 창출한 사회적 가치를 종합적으로 반영한 가치평가모형도 민간과 함께 개발한다는 내용을 담을 것이라고 말했다.

청년 소셜벤처 허브 구축에 관련된 내용은 수도권은 서울 성동구 성수동 일대, 지방은 창조경제혁신센터를 중심으로 소셜벤처 HUB를 구축하며, 창업공간, 기업 간 네트워킹, 공유형 물류창고, 원스톱 경영 애로 해소 지원 등을 통해 성수동을 소셜벤처 창업 · 성장 중심지로 육성할 계획이며, 소셜벤처 성공사례가 지역으로 확산될 수 있도록 창조경제혁신센터를 적극적으로 활용하기로 하였다.

창업 활성화 및 성장촉진 등을 추진 내용은 소셜벤처의 창업 활성화와 우수 소셜벤처 성장촉진을 위해 정책 역량을 집중할 예정이며, 우수 청년 소셜벤처에 1억 원(2018년도 기준)까지 창업 사업화 비용을 지원한다. 또한, 민간, 대기업, 공기업과 우수 소셜벤처 정보를 공유하고 분야별 지원을 연계하여 창업 성공률을 제고 하며, 1,200억 원 규모(중기부 1,000억 원, 금융위 200억 원)의 '소셜임팩트 투자 펀드'도 조성하고, 소셜벤처 보증 지원 확대 등 소셜벤처 성장에 필요한 투자를 적극 활성화한다(중소벤처기업부, 기술보증기금, 2019).

한편, 정부는 소셜벤처 활성화 방안으로 민간전문가를 중심으로 구성된 '소셜벤처전문가협의회'에서 소셜벤처의 판별기준과 가치평가모형을 개발하고 발표하였다(중소벤처기업부, 기술보증기금, 2019).

소셜벤처에 대한 정부의 지원정책은 새로운 산업생태계를 구성한다는 측면에서 좋은 현상이다. 하지만 정부가 발표한 소셜벤처 활성화 방안과 이에 대한 판별기준과 가치평가모형의 개발 및 적용만이 소셜벤처 활성화를 지원하는 것은 아니다. 즉, 소셜벤처에 대한 법적 정립과 이를 통한 정책적 지원방안 마련해야 하는 단계로 빨리 접근하는 것이 필요하다.

소셜벤처 지원에 대한 또 다른 내용은 기존의 중소기업(벤처기업 포함)이 소셜벤처로 전환하는 것에 대한 제도적 정립과 소셜벤처에 대한 기업 성장단계에 따른 자금투자 및 성장지원 정책 마련과 글로벌 시장 진출에 대한 지원이 필요할 것이다. 또한, 정부는 기술기반 소셜벤처 창업 장려 및 사업화 기술 R&D 지원 과제를 추진함으로써 고급 기술인력 확보를 제고하며 때에 따라서는 소셜벤처에 맞는 사회적 미션과 경제적 가치가 연결되는 비즈니스 모델 구축을 위한 설계를 컨설팅하거나 기술활용 및 적정기술 개발에 대한 컨설팅도 필요한 것이다(중소기업청, 2014).

1.3 소셜벤처 중간지원기관

소셜벤처는 사회적 문제를 해결하기 위한 의지를 가진 혁신적인 창업가가 창의적 아이디어를 실현해 경제적 성과는 물론 사회적 가치를 창출하는 기업을 말한다. 현재 우리나라의 경우 약 1,500(2020년 기준)여 개의 소셜벤처가 운영 중인데, 이들 소셜벤처는 정부와 지자체의 지원 연계는 물론 소셜벤처 발굴, 교육, 멘토링, 컨설팅, 지원연계(임팩트 매칭 포함), Network 구축 및 사무공간 활용에 이르기까지 다양한 영역을 지원하는 조직을 소셜벤처 중간 지원조직이라고 한다. 주요 중간지원기관은 표 3-1과 같다.

특히 이들 조직은 사회적 목적의 사업화, 시장 정보의 부재, 성공 예측의 불확실성 등으로 인해 시장실패 가능성이 크고, 그로 인하여 임팩트 투자 수급 간에 불일치가 발생하기 때문에 중간 지원조직의 존재는 소셜벤처 생태계에서 매우 중요하다 할 수 있다(중소기업연구원, 2018).

또한 중간지원기관은 소셜벤처가 직면하는 지식, 마케팅 등의 부족을 컨설팅과 네트워킹 등을 통해 해소해 주고, 향후 임팩트를 측정 및 보고하기 위한 가치평가 지표와 모형 등을 활용하여 소셜벤처를 모니터링하고 사회성과의 제고에 기여한다(KB 지식 비타민, 2019).

표 3-1. 국내 소셜벤처 중간지원기관

업체명	지원프로그램				특징
	A	B	C	D	
HG initiative	○				- 정경선(현대가 3세)투자 자본금 50억원 - 가치 기반의 삶 확산을 위한 부동산 개발 및 투자
Sopoong	○	○	○	○	- 자본금 200억원(46개 기업 투자) - 다음창업자(이재웅) 투자, 코워킹 공간 카우앤독 운영
D3쥬빌리	○				- 총 460억원 펀드 운용 - 총 42개 기업 투자, 8개기업에서 자금 회수
크레비스 벤처스	○	○	○	○	- 사업초기 단계 벤처에 투자, 파트너 벤처들과 코워킹 스페이스를 공동으로 입주
루트임팩트	○	○	○	○	- 코워킹 스페이스 헤이그라운드 운영 - 임팩트 허브의 한국지부 역할
옐로우독	○				- 다음창업자 이재웅 투자 - 산은/SK/이재웅 공동 조성한 임팩트펀드 운용

주: 임팩트 투자(A), 인큐베이팅(B), 엑셀러레이팅(C), 지원공간 보유(D)

* 출처: KB금융지주 경영연구소(2019)

1.4 소셜벤처 임팩트 투자기관

소셜 임팩트 펀드는 일반 벤처기업 투자사(VC) 혹은 기부금과 달리 혁신을 이루고 사회적 영향력을 일으키는 기업에 투자하는 것을 희망한다. 임팩트 투자의 목적은 수익률의 극대화보다 그들의 활동을 통해 사회변화를 일으키고, 사회에 기여하는 것을 원하는 것이다. 이때 정부는 임팩트 투자를 받은 기업에 매칭펀드를 제공하거나 인내 자본을 제공하게 되면, 소셜벤처 투자에 대한 의사결정에 큰 도움이 될 수 있다.

우리나라의 경우 정부가 소셜벤처 활성화를 통한 일자리 창출 방안을 발표한 후 정부와 민간에 의한 임팩트 투자의 확대가 예상되는데, 정부는 1,200억 원의 소셜임팩트 투자 펀드 조성을 발표하고 2022년까지 5,000억 원까지 조성 규모를 확대하는 것을 발표하였다. 국내 주요 임팩트 투자 운영사는 표 3-2와 같다.

또한, 정부는 2018년 소셜벤처를 위한 모태펀드(Fund of fund)는 운용사를 선정하여 800억 원을 출자했는데 이들 운용회사 들은 추가 펀딩을 통하여 1,032억 원 규모의 임팩트 펀드를 조성한 바 있다. 따라서 임팩트 투자를 위한 정부의 모태펀드 투자 규모도 지속적으로 늘어날 것으로 판단된다.

표 3-2. 국내 주요 임팩트 투자

(단위: 억원)

출자기관	운용사	총액	정부출자	기타
성장금융	크레비스파트너스+라임자산운용	200	130	임팩투자사
	더웰스인베스트먼드(+MYSC)	250	50	KB사회투자펀드 150억원 별도
	HG이니셔티브+시몬스자산운용	100	50	임팩투자사

출자기관	운용사	총액	정부출자	기타
성장금융	신한대체투자운용	200	50	
모태펀드	옐로우독	202	160	임팩투자사
	디쓰리쥬빌리	150	120	임팩투자사
	코메스인베스트먼트	100	80	
	쿨리지코너인베스트먼트	175	140	임팩투자사
	지비보스톤창업투자	125	100	
	미시간벤처캐피탈	125	100	
	고려대학교기술지주 +전북지역대학연합기술지주회	125	100	
	대성창업투자	150	100	
	KB인베스트먼트	150	105	
	마그나인베스트먼트	250	175	
	디쓰리쥬빌리	309	210	임팩투자사
	비하이인베스트펀드	150	100	
산은+SK+ 이재웅 등	옐로우독	500	200 억원	임팩투자사

* 출처: KB금융지주 경영연구소(2019)

1.5 기업의 사회적 책임과 소셜벤처

사전적 의미에 의한 기업의 사회적 책임(CSR)은 기업이 생산 및 영업활동을 하면서 환경경영, 윤리경영, 사회 공헌과 노동자를 비롯한 지역사회 등 사회 전체에 이익을 동시에 추구하며, 그에 따라 의사결정 및 활동을 말하는데, ① 취약계층에 일자리, 사회서비스 제공 등 사회적 목적 추구, ② 영업활동 수행 및 수익의 사회적 목적 재투자, ③ 영업활동을 통해 창출되는 이익을 사업 자체나 지역공동체에 투자, 사회적 목적으로 사용함으로써 기업들은 경제, 환경, 사회 측면에서 지속적인 성과를 창출하여 지속 가능한 기업의 가치를 증진하려 하는데 이를 기업의 사회적 책임이라 할 수 있다(Wikipedia, 2021).

특히 대기업들은 공유가치 창출(CSV) 관점에서 소셜벤처에 대한 투자, 경영지원 등을 확대하고 있는데, 이는 매년 사회공헌에 수천억 원씩 사용하는 대기업이 보다 지속 가능한 사회적 가치를 창출하는 데 있어서 재무적 가치와 사회적 성과를 함께 가져오는 소셜벤처에 주목하고 있기 때문이다(KB 지식 비타민, 2019). 국내 주요 대기업의 소셜벤처 지원현황은 표 3-3에 정리하였다.

표 3-3. 대기업의 소셜벤처 지원현황

기업명	지원내용
SK Group	• 총 3회에 걸쳐 810억원의 소셜벤처에 투자하는 임팩트 펀드 조성. 2013년 2개 소셜벤처를 시작으로 2016년까지 추가로 16개 기업에 투자 • 11개 스타트업과 함께 소셜임팩트 연합군 '임팩트업스'결성. 국내외 홍보 관계사와의 사업 협력 기회 발굴, MWC 전시회 참가 등 지원(SKT) • 소셜벤처와 협업을 통해 사회적가치를 제곱으로 창출하는 경영인 SV임팩트 파트너링 진행 중(SK이노베이션) • KAIST 공동 사회적기업가 MBA과정 개설/소셜벤처 부스팅 데이 개최 등
LG전자 LG화학	• 성장 잠재력을 가진 소셜벤처에게 팀당 최대 1억원, 12개월간 창업교육 및 일대일 멘토링을 제공하는 'H-온드림 창업오디션'8기째 진행 • 공익성 및 지속가능성이 높은 친환경 분야 소셜벤처를 발굴하고 성장을 돕기 위해 'LG소셜캠퍼스'운영 중. 자금지원, 무이자 대출, 사무공간 대여 등 인재육성 등의 프로그램을 운영. 지난 8년간 160개 기업에 130억원 지원

기업명	지원내용
현 대 자동차	• 친환경, 교통안전, 이동혁신 등 사회문제해결을 위한 아이디어 발굴, 제안을 진행하는 대학생 참여형 프로그램 'H-소셜 크리에이터'프로그램 진행
GS홈쇼핑	• 소셜벤처 창업 지원을 위한 '소셜벤처 임팩트 프로젝트'진행 (2기 완료) • KOICA와 '혁신적 기술 프로그램 소셜벤처의 사업 지원'을 위한 MOU체결 • 소셜벤처의 해외사업 경험 및 노하우 지원. LED램프를 개발하는 소셜벤처 루미드는 GS글로벌 인도네시아 법인을 통해 수출통관지원, 해외시장 개척 지원에 필요한 통역, 수요처 발굴 등의 도움을 받아 인도네시아 시장 진출
삼성전자	• 삼성전자는 지속 가능한 사회에 기여 하는 사회적 가치는 UN 지속가능발전목표(SDGs, Sustainable Development Goals)에 방향성 • 삼성전자 사업과 연관성이 높은 지속가능발전목표를 중심으로 CSR을 실천 • 청소년이 교육의 기회에서 소외되지 않게 양질의 교육을 제공하는 프로그램에 집중 • 국내는 물론 글로벌 사회공헌 프로그램인 삼성 솔브 포 투모로우, 삼성 스마트스쿨, 삼성이노베이션 캠퍼스 및 삼성 원위크 등을 지원

* 출처: KB금융지주 경영연구소(2019)

정부가 소셜벤처의 성장을 촉진하기 위해 금융지원을 확대하겠다고 발표한 가운데, 금융회사들도 정부 정책을 지원함과 동시에 기업의 공유가치 창출(CSV) 차원에서 소셜벤처 활성화를 위하여 노력하고 있다. 모태펀드와 성장금융이 출자해 '소셜임팩트 투자 펀드'를 조성하고, 기술보증기금의 소셜벤처 임팩트 보증을 통한 보증 공급지원과 사회적 경제 기업에 대한 정책자금 지원 규모 확대 등을 발표하며 소셜벤처 활성화를 위해 자금공급 활성화가 필요하다고 강조하였는데, 이를 위해 중소벤처기업부와 기술보증기금은 소셜벤처가 창출한 사회적, 경제적 가치를 올바르게 평가할 수 있도록 '소셜벤처 판별기준 및 가치평가모형'을 개발. 이 판별기준과 가치평가모형은 정부, 지자체, 대기업, 임팩트 투자사 등이 자유롭게 활용할 수 있도록 하고 있다.

또한, 주요 금융회사들이 이미 자체적으로 소셜벤처를 지원하고 육성하기 위한 프로그램을 진행 중인 가운데(표 3-4), 향후 소셜벤처 생태계의 성장과 금융회사-스타트업 간 협업 활성화 추세에 맞춰 더욱 다양한 형태의 투자, 지원, 협업이 나타날 것으로 예상된다(KB 지식 비타민, 2019).

표 3-4. 금융기업의 소셜벤처 지원현황

기업명	지원내용
KB금융	150억원 규모의 'KB소셜임팩트 펀드'조성. 액셀러레이터와 KB이노베이션 허브, 한국기업가정신재단 등과 협업해 소셜벤처 채널 확보할 계획
신한금융	스타트업 육성 프로그램 '신한퓨처스랩'참가 대상에 소셜벤처 포함
우리금융	소셜임팩트펀드 LP 참여, 각종 소셜벤처 경연대회 후원 등
하나금융	소셜벤처 창업가 육성 프로그램 '하나 소셜벤처 아카데미'진행. 8주간 아이디어 검증 및 구체화 후 데모데이 형식의 행사 개최 (별도 홈페이지 운영) 성장 단계별 소셜 프로젝트 지원 사업 '하나 파워 온 챌린지'진행
IBK기업은행	2016년부터 소셜벤처와 예비사회적기업에게 자금 및 컨설팅 지원하는 'IBK소셜벤처 성장지원 사업'진행

* 출처: KB금융지주 경영연구소(2019)

제2장

소셜벤처 사례

소셜벤처는 사회적 가치와 경제적 가치를 함께 추구하는 조직이다. 여기서 사회적 가치란 시대상을 반영하고 동시대의 공동체가 공유하는 시민의 삶과 생각 그리고 철학과 환경을 고려하여 정의 내려지는데, 이는 공동체의 이익 실현과 공공성 강화라는 의미로 사회적 가치를 정의하는 데 큰 이견이 없다(안지훈, 2019).

따라서 소셜벤처의 가치실현의 현장은 공공의 사회적 가치실현 영역이어야 하며, 기술혁신을 통한 경제적 지속가능성을 추구하는 것은 세계적으로 공통된 사항이라 할 수 있다(표 3-5).

표 3-5. 소셜벤처 활동기관 및 영역

기관	활동영역
Ashoka Foundation	환경, 언론, 인권, 주거, 양성평등, 디지털/기술, 농업/기술, 경제개발, 위생, 고용/시민사회
UN 지속가능 발전목표	빈곤퇴치, 기아해소, 보건증진, 양질의 교육, 양성평등, 깨끗한 물과 위생, 에너지 보급, 양질의 일자리와 경제발전, 인프라 구축과 혁신 장려, 불평등 해소, 에너지 보급, 책임 있는 소비, 기후변화 대응, 해양자원 보존, 육상 생태계 보호, 평화와 정의, 지속 가능한 지구의 발전(SDG)를 위한 국제적 파트너십 강화
대한민국	인권보호, 안전한 근로 · 생활, 환경유지, 건강한 생활이 가능한 보건복지의 제공, 노동권 보장, 사회적 약자에 대한 기회제공, 대기업 · 중소기업 간의 상생, 양질의 일자리 창출, 지역사회 활성화 및 공동체의 복원, 지역경제 활성화, 기업의 사회적 책임 이행, 환경의 지속가능성 보전, 민주적 의사결정과 참여의 실현

* 출처: 저자편집(2021)

이번 장에서는 공공의 사회적 가치실현 영역에서 기술혁신을 통한 경제적 지속가능성을 추구하는 소셜벤처 사례를 확인한다.

2.1 국내사례

중소벤처기업부가 실시한 2020 소셜벤처 실태조사 결과에 의하면 '20년 8월 기준 소셜벤처로 판별된 기업은 1,509개 사로 조사됐다. '19년 8월 소셜벤처로 판별된 기업은 998개 사였으며 지난 1년간 신규로 확인된 기업이 많이 증가한 것으로 나타났다. 소셜벤처는 우리나라 전역의 사회문제 해결을 위한 사업을 영위하는 기업이 48.4%로 1위이며, '지역공동체' 29.5%, '글로벌' 17.0% 순으로 나타났다.

소셜벤처는 좋은 일자리 확대와 경제성장을 위한 사회적 문제해결에 관심이 높은 것으로 나타났으며 소셜벤처의 31.2%는 미세먼지, 교육격차 등 일반 대중의 사회문제 해결을 목표로 사업을 영위하고 있는 것으로 조사됐다(그림 3-1).

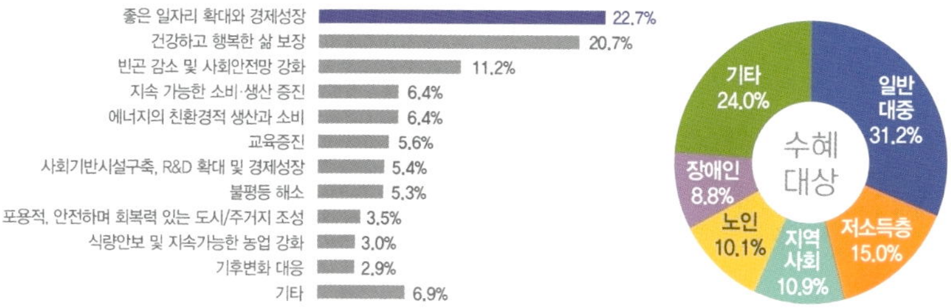

* 출처: 중소벤처기업부, 기술보증기금 (2019)

그림 3-1. 소셜벤처 활동 수혜대상

또한, 소셜벤처는 '사회문제를 해결하는 제품, 서비스 제공'(30.1%), '취약계층 고용촉진'(22.7%), '취약계층을 위한 플랫폼 운영'(17.0%) 등 사회적 가치실현을 위한 다양한 사업모델을 보유하고 있는 것으로 나타났다(그림 3-2).

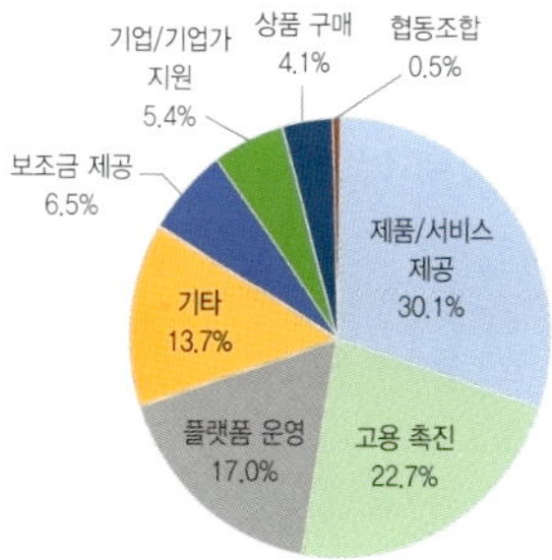

방법	내용
기업/기업가 지원	기업/기업가의 사업활동 지원 및 사회적 금융 서비스 제공
제품/서비스 제공	사회적 가치가 반영된 제품/서비스를 생산 및 제공
플랫폼 운영	판매자와 소비자를 연결하는 온/오프라인 플랫폼 운영
상품구매	지역 농어민 등으로부터 상품 구매하여 시장에 제공
고용촉진	취약계층에게 직업훈련 서비스 및 고용 기회 제공
협동조합	회원서비스를 통해 직접적인 혜택 제공
보조금 제공	기업활동을 통해 얻은 수익을 취약계층 등에 제공

* 출처: 중소벤처기업부, 기술보증기금(2019)

그림 3-2. 소셜벤처의 비즈니스 활동 영역

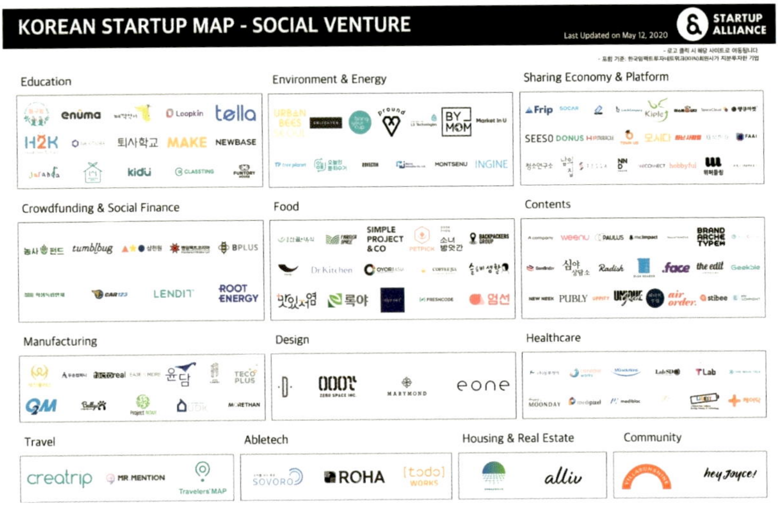

* 출처: 소셜벤처 얼라이언스(2021)

그림 3-3. 한국 소셜벤처 지도

1) 두손 컴퍼니 (고용촉진)

두손 컴퍼니는 직원의 절반이 노숙인으로 구성된 사회적기업이다(그림 3-4). 자활 의지를 가진 노숙인을 돕고자 사업을 시작한 두손 컴퍼니는 노숙자가 만든 종이 옷걸이를 만들고 노숙인의 경제적 자활을 지원함으로써 쉼터 생활을 떠나 자신의 집을 찾아갈 수 있도록 도움을 주었다. 현재 두손 컴퍼니는 '일자리를 통한 빈곤퇴치'라는 미션을 토대로 물류배송입을 통하여 새롭게 일자리를 창출하고 있다. 두손 컴퍼니의 박찬재 대표의 목표는 10년 안에 1,000명의 빈곤계층의 일자리를 만드는 것이라 말하며 "사회적기업이 일은 잘 못 한다는 편견을 깨고, 시장에서 능력으로도 인정받는 기업을 만들고 싶다."고 말한다.

노숙자가 만든 종이 옷걸이

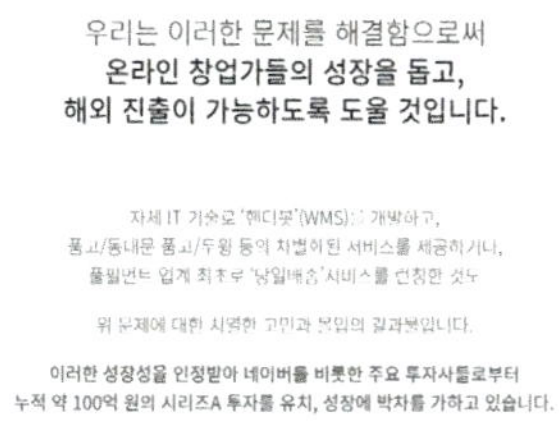

두손 컴퍼니의 홈페이지

* 출처: https://dohands.com/

그림 3-4. 두손 컴퍼니 사업활동

2) 오이스터에이블 (환경/에너지)

IoT 기반 분리 배출함 웨빈(Webin)을 개발해 모바일 앱 '오늘의 분리수거'를 운영하는 기업인 오이스터에이블이 주목받고 있다(그림 3-5). 웨빈은 탑재된 QR 스캐너와 바코드 리더기를 통해 버려진 쓰레기가 무

* 출처: 미디어 SK(2021)

그림 3-5. 분리수거함 웨빈

엇인지 정확히 파악할 수 있도록 하는 장치다. 이를 통해 고객의 분리수거 이력이 '오늘의 분리수거'앱에 기록되고, 오이스터에이블은 보상으로 포인트를 지급하게 된다.

지급된 포인트는 우유, 커피 등 식음료 구매, 취약계층 지원, 지역사회 숲 조성 등 여러 가지 기부 활동에 쓰인다. 분리수거에 대한 보상체계를 정립하자 시민 참여율과 재활용 회수율이 눈에 띄게 증가했다. 실제 오이스터에이블이 환경부의 연구과제를 수행한 결과, 웨빈 설치 지역에서 종이팩 회수율은 70~80%에 달했다(미디어 SK, 2021). 오이스터에이블은 분리 배출함 웨빈을 2021년에 전국에 2만 개, 그리고 2022년도에 10만 개 설치를 목표로 하고 있다.

3) 케어닥 (건강한 삶)

주식회사 케어닥은 대한민국 1등의 실버케어 플랫폼을 지향하는 Start-up이다. 초고령화 사회로 진입하는 우리나라의 의료시장에서 소비자와 돌보미(간병인) 간의 정보의 비대칭을 해소하여 투명한 돌봄(병간호) 시장을 만들어 가는 회사이다(그림 3-6). 정부에서는 정부 주도의 시설 입소 노인 요양에서 'Aging in place'(지역, 살던 곳에서 돌봄을 받는 것)라는 재정부담 완화와 노인의 주거 행복권이라는 큰 방향에서 지역사회 통합돌봄 혹은 커뮤니티 케어 라는 정책을 추진하고 있으며 이에 따라 돌봄의 주체와 공간이 요양병원과 대형시설에서 지역사회와 민간, 기업으로 전환되고 있다.

이러한 측면에서 케어닥은 정부 주도의 노인 돌봄 구조에서 돌보지 못하고, 노인, 보호자, 돌봄서비스 제공 주체에 대해 산적해 있는 많은 과제를 민간영역에서 고민하고 해결책을 만들고자 노력하고 있다.

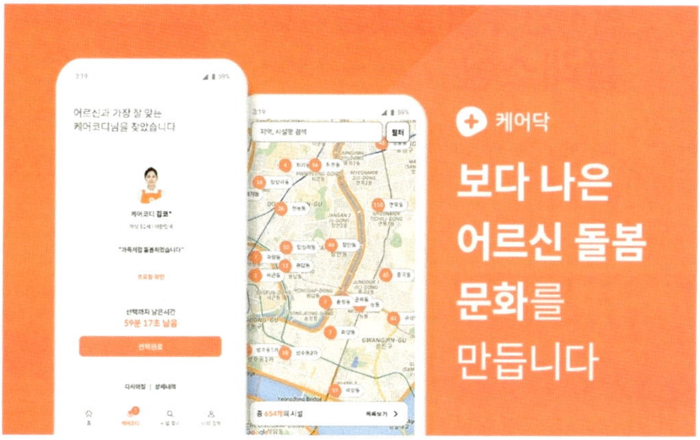

* 출처: 케어닥 홈페이지(2020)

그림 3-6. 케어닥 활동

4) 클래스팅 (교육)

클래스팅은 교육에 플랫폼 기술을 접목하여 학습에 더 좋은 서비스를 제공하여 밝은 사회를 만드는 데 이바지하고자 하는 소셜벤처다(그림 3-7). 소셜네트워크, 플랫폼, 빅데이터, AI, 개인화, 블록체인 등 세상을 변화시키는 기술들을 교육 플랫폼에 접목하고 있으며, 학생의 학습 지원은 사회에 도움이 되는 사람을 육성하기 위한 교육이 기술로 인해 급변하는 사회의 보조를 맞출 수 있도록, 클래스팅은 기술과 교육의 접목을 연구하고 고객이 잘 이용할 수 있는 서비스로 제공하기 위해 노력하고 있습니다. 전 초등학교 교사 출신 대표들로 구성된 인력은 교육 현장의 변화를 가져올 수 있는 빠른 실행력을 갖추고자 노력하고 있다.

* 출처: 클래스팅 홈페이지(2021)

그림 3-7. 클래스팅 플랫폼

5) 엄선 (식량/Food)

식품 산업에 '푸드테크'기술을 접목한 Start-up인 엄선은 서비스를 빅데이터를 기반으로 하고 있다(그림 3-8). 1만 가지 이상의 식품 데이터와 글로벌 식품 관련 연구기관의 유해성 성분 분석 데이터, 식재의 영양성분 그리고 식자재 등으로 유발될 수 있는 알레르기 정보에 이르기까지 식품 산업에 빅데이터를 접목한 기술로 사업을 고도화하고 있으며, 엄선 AR 서

* 출처: 엄선(2021)

그림 3-8. 엄선의 앱활용

비스를 추가해 소비자에게 더욱 가깝게 다가가고자 노력하는 기업이다. 2020년 기준 이용자 수 60만을 상회하는 내실 있는 스타트업이다.

6) 화난 사람들 (공유경제/플랫폼)

법은 평등하다!, 그러나 법을 어떻게 이용하는가에 따라 불평등하다. 화난 사람들은 몰라서 어려워서 불이익을 입는 사람들이 없도록 누구든지 쉽고, 간편하게 법대로 자신의 권리를 실현할 수 있는 세상을 만든고자 하는 것이 설립 이념이다. 화난 사람들은 피해를 받고 어떻게 해결해야 할지 모르는 경우, 법대로 하고 싶지만, 절차를 모르고 비용도 걱정되는 경우, 힘을 가진 상대방과 맞설 수 있는지 걱정되는 경우 개인 혹은 공동소송 등에 대한 정보제공 및 컨설팅을 담당하는 스타트업이다(그림 3-9).

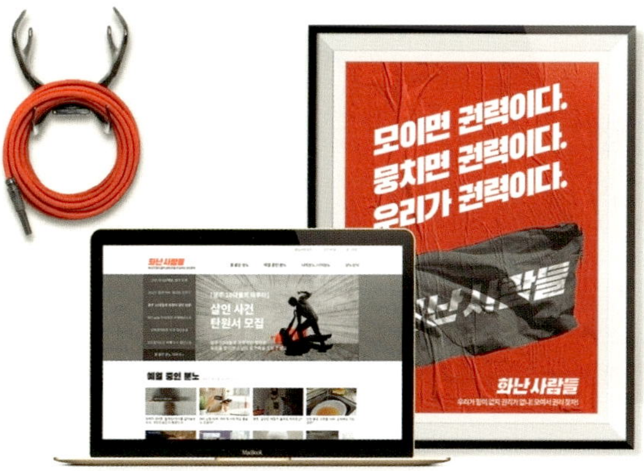

* 출처: www.angrypeople.co.kr(2021)

그림 3-9. 화난사람들 홍보

7) alliv (공유 오피스)

1인 기업, 소규모기업, 프리랜서들을 위한 자유로운 공간 공유 오피스 alliv는 앱을 활용하여 24시간 운영되고 있는 업무공간 공유 스타트업이다(그림 3-10). 업무공간은 초고속 와이파이, 멀티탭 등 업무(작업공간) 관련 기본시설과 요가를 비롯한 각종 휴식(대화)공간을 제공한다. 공유 하우스인 얼리브 홈도 함께 운영하여 실용성을 높였다.

* 출처: alliv Co. Ltd(2021)

그림 3-10. 공유 오피스 alliv 홍보

8) 루트 에너지 (클라우드펀딩, 사회적 금융)

루트 에너지는 재생에너지 관련 프로젝트 파이낸스(PF)를 소액으로도 누구나 직접 투자할 수 있게 해주는 재생에너지 크라우드 펀딩 시스템을 개발하여 운영한다(그림 3-11). 회사는 에너지 기술, 사업개발, 금융, 데이터, IT 등의 영역에 전문가로 구성되어 있으며 재생에너지 시장에 사회적 금융을 통한 혁신적 도전을 꿈꾸는 회사다.

* 출처: Rootenergy(2021)

그림 3-11. 사회적 금융 RootEnergy

2.2 해외사례

사회적 경제의 중요성이 대두되고 관련 사회적 경제 형태인 협동조합, 마을기업, 자활기업, 사회적기업이 세계적으로 자리 잡는 데는 기존 경제시스템의 구조적 한계를 기반으로 했다. 사회적 경제에 대한 오랜 전통을 가진 유럽의 경우에는 산업혁명 이후 자본은 이윤 추구에 매달려 시장 확대에만 관심이 있고 정부는 노동자 혹은 산업사회에 시민들에 대한 제도적 안전망 만들기에 실패했다.

따라서 노동자들이 자발적으로 자신들의 경제적 안전과 삶의 질 향상을 추구하며 형성되기 시작했던 것이 사회적 경제였으며 그 경제활동 주체가 사회적기업들이다. 따라서 이들의 특징은 사회적 가치에 대한 명확한 방향이 설정되고 경제적 이윤 추구를 통하여 이를 실현해 나감은 물론 이를 통한 사회적 영향에 의한 사회혁신의 흐름을 항상 주도해 왔다.

따라서 서구의 사회적기업과 소셜벤처의 경계는 명확하게 설정하기 어려운 면이 있다. 그런 점을 고려하면 사회적 가치를 추구하는 기업의 형태와 혁신적 기술을 기반으로 사회적 가치와 경제적 가치를 함께 실현해 나가는 소셜벤처의 해외 성공사례를 찾아 확인해 보기로 한다. 그리고 이들 기업이 고려하는 사회문제, 달리 표현하면 활동 영역에 대한 범위는 미국의 아소카 재단(Ashoka Foundation) 및 UN의 지속가능발전목표에서 제시하는 것으로 정의하고자 한다.

1) 홀스티 (빈곤퇴치, 양질의 일자리)

폐비닐을 이용한 리사이클(재활용) 공정무역 지갑이다. 홀스티(Holstee)는 재활용 디자인 제품을 제작하는 회사로 미국 뉴욕에 있는 회사지만 인도의 빈민들이 줍고, 제작한 지갑을 세계에 판매하고 그들에게는 공정한 임금, 교육 및 건강관리를 제공하고 있다. 그리고 수익금의 10%는 빈민들을 위한 소액금융 대출 기관인 KIVA에 기부된다(그림 3-12).

아래 그림과 같이 재활용 소재이기 때문에 색깔 등은 다양하지만 디자인은 단 하나입니다. 다만, 블랙의 경우에는 코끼리 똥에서 생분해성 물질을 추출하여 만든 종이로 패키징 되었다는 점이 다른 색깔과 다릅니다. 블랙의 경우에는 동물보호단체인 PETA에 수익금의 10%를 기부하고 있다.

* 출처: 홀스티(www.holstee.com, 2021)

그림 3-12. 홀스티

2) 코라 (보건, 유기농 여성 생리용품)

코라(Cora)는 유기농 여성용 생리용품을 제조 및 판매하는 회사이다. 설립자인 몰리 헤이워드가 20대 초반 케냐에 봉사활동을 하면서 여학생들이 생리용품이 없어 등교를 못 한다는 사실을 알고 이 문제를 해결하고자 고민하면서 창업을 하였다. 코라의 미션과 비전은 여성이 자신의 신체적 경험을 긍정적으로 수용하고, 건강한 방법으로 여성들이 스스로 관리할 수 있는 생각의 혁신을 추구하는 데 있다. 코라는 안전한 생리용품을 소비자에게 공급하여 1:1 기부를 통해 미국과 개발도상국 소녀들에게 생리용품을 제공한다. 또한, 아프리카, 인도 등의 비영리 단체들과 연계하여 청소년기 여성들에게 올바른 성교육을 추진하는 것은 물론 직업훈련 및 취업을 함께 지원하고 있다(그림 3-13).

* 출처: Cora(www.cora.life, 2021)

그림 3-13. 코라이미지

3) 럭키 아이언 피시 (보건, 건강식품 제조 및 유통)

럭키 아이언 피시(Lucky Iron Fish)는 설립자인 개빈 암스트롱이 박사과정 연구 중 캄보디아 사람들이 효과적으로 철분을 섭취하는 방법을 찾는 과정에서 탄생하였다(그림 3-14). 선진국보다는 개발도상국에서 빈번하게 발생하는 철분 결핍증을 해소하는 연구를 수행하던 중 음식을 조리할 때 철 덩어리를 넣는 것만으로 도 철분 섭취가 충족됨을 확인하고 창업을 하게 되었다.

럭키 아이언 피시는 회사의 사회적 공헌을 인정받아 미국 비 랩(B Lab)의 비 코퍼레이션 인증을 받았다. 철(Iron)은 인체 5대 영양소인 미네랄에 속한다. 부족하면 세포에 산소 공급이 어려워진다. 세계보건기구(WHO)에 따르면 철분 결핍 인구는 전 세계 35억 명(2008년 기준)이다. 이 가운데 20억 명은 빈혈 증세를 겪고 있다. 럭키 아이언 피시는 2019년 기준 세계 80개국 85만 명 이상이 사용한 것으로 집계되었다. 창업 초기 자금확보는 캐나다 정부(50 C$)와 겔프대학교(18 C$)로부터 자금지원을 받았으며 앞으로는 더 많은 국가의 NGO 단체들과 파트너십을 통해 철분 부족으로 인한 질병을 치료하기 위해 전 세계로 사업을 확장할 것이라고 한다.

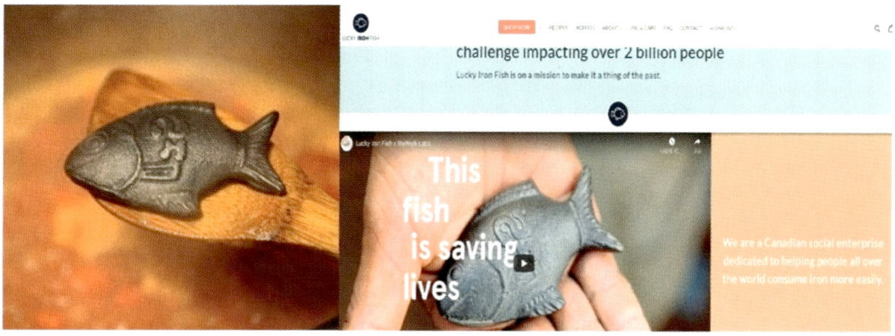

* 출처: luckyironfish.com(2017)

그림 3-14. 아이언피시

4) 피닉스 (식품)

피닉스(Phenix)는 식품회사와 푸드뱅크(Food Bank) 등과 같은 자선단체 간의 네트웍을 디지털 방식으로 개선하고 체계적으로 식품을 관리함으로써 식품 기부자 그리고 시스템 개발회사인 피닉스와 식품을 자선단체로부터 전달받는 사회적 소외 계층 모두가 윈 · 윈할 수 있는 사업모델을 실천한 스타트업이다(그림 3-15).

프랑스에서는 유통기업이 판매하지 못한 식품을 폐기할 수 없도록 법으로 금지하고 있어 폐기물 무게만큼 처리비를 계산해야 한다. 유통기업이 더 많은 식량을 기부함으로써 폐기물 비용은 줄이고 세금감면도 얻을 수 있으니 일거양득이 된다. 이 시스템 하나로 식품 유통기업과 자선단체와 수혜자가 좋으며 피닉스 직원에게도 경제적 혜택이 돌아가 모

* 출처: www.wasteeurope.eu(2020)

그림 3-15. 피닉스 식품 진열대

두에게 성공적인 시스템인 것이다(KOTRA, 2020). 피닉스는 이 사업을 통하여 하루 100,000끼니 이상의 식사를 분배하고 매일 50톤 이상의 쓰레기 배출량을 줄일 수 있었다.

5) 슈타트 비넨 협회 (환경을 고려하는 제조 및 서비스)

슈타트 비넨 협회(Stadtbinen e.V.)는 발코니용 꿀벌 박스(BineneBox)를 생산 및 판매하며 양봉 수업을 제공하는 업체이다. 설립자인 베버(Weber)는 정원이 있는 베를린시의 집에서 양봉을 경험했으나 새로 이사한 집에는 정원이 없었다. 결국, 베란다 혹은 옥상에서 활용할 수 있는 꿀벌 박스(BineneBox)를 고안해 냈으며, 이를 사업으로 실현하기 위하여 크라우드 펀딩으로 자금을 마련하였다(그림 3-16).

회사의 비전은 야생 벌꿀 서식지 보호를 위해 도심에서 양봉하는 것을 권장하며, 이를 통하여 환경문제에 대한 인식과 환경을 생각하는 책임 있는 소비의식을 고취 시키는 것이다(Kotra, 2020). 슈타트 비넨 협회는 2014년 설립된 이후 꿀벌 박스 생산, 양봉 관련 강의 진행, 도심지 양봉 프로젝트 진행 등으로 협회를 운영하고 있다.

또한, 독일의 비영리 사회혁신 단체 소셜임팩트(Social impact)의 대표적 프로그램인 소셜임팩트 자금지원 기회에 참가하고 독일 연방정부 및 브란덴 브루크 주 정부로부터 공적 자금을 지원받았으며, 독일의 대표적 은행인 도이치방크 등으로부터 민간 지원을 받기도 하였다. 현재 직원 수는 37명, 연간 매출액은 2019년 기준 71만 달러다.

* 출처: www.sciencetimes.co.kr(2020)

그림 3-16. 도심 양봉

6) 리노베타 (도시재생)

리노베타(Rennovater, 설립자 마츠모토)는 빈집을 활용하여 기초 생활 수급자, 고령자, 편모가정 등 사회적 취약계층이 입주할 수 있는 주택을 제공하는 일본의 사회적기업이다. 일본은 초고령화 사회로 접어들면서 도심에 젊은이가 줄어들고 빈집이 늘어나면서 도시의 활력을 잃어가는 곳이 많다.

리노베타의 미션은 사회적 취약계층의 주택확보 문제를 민간 자본과 빈집, 오래된 집을 활용하여 해소함으로써, 사회적 문제를 해결하는 것이다.

리노베타는 다른 사업에 비하여 많은 자본이 소요되는데 이는 부동산의 매입과 리모델링을 통한 거주 환경 조성에 큰 자금이 필요하기 때문이다.

리노베타는 금융기관 융자 또는 벤처캐피탈(VC)로부터 자금 유치 노력을 하고 있으며, 정부나 지자체와 연계하여 사업을 확장하고자 노력하고 있다. 현재 운영 중인 주택을 35건인데 2021년에는 100건을 목표로 하고 있다. 리노베타의 장기적인 목표는 전국에 재생 주택 3건 확보이며 빈집문제와 사회적 취약계층의 주택확보 및 지역사회 일자리 창출까지 추진계획을 가지고 있다.

2.3 적정기술, 공공기술 및 공공데이터 활용 사례

1) 적정기술 소셜벤처

영국의 대안 경제학자였던 슈마허가 "작은 것이 아름답다"는 저서를 통해 중간기술(Intermediary technology)이란 개념을 처음으로 선보였다. 당시의 중요한 기준은 선진국의 최신기술도 아니고, 개발도상국의 토착기술도 아닌 중간 정도의 발전 단계에 있는 기술을 의미했지만, 개념이 발전하면서 기술발전의 여부가 아닌 기술의 현지 적합성의 여부를 의미하는 적정기술(Appropriate technology)로 개념이 발전되었다.

첨단기술(High-tech)이나 로우테크(Low-tech)든 관계없이 특정 맥락과 특정 고객에게 적합한 기술이야말로 문자 그대로 '적정'기술일 수 있다는 뜻이다. 적정기술은 개발도상국에서만 적용되는 기술을 의미하는 것은 아니다. 적정성의 의미는 기술이나 적용되는 현장의 수준에 관계되는 것이 아니라, 고객이 처한 경제 · 사회 · 문화적 수준과 더 깊은 관계가 있다(한국 국제협력재단, 2013).

(1) 워터콘

정수기는 태양열 오븐처럼 태양열 증류 방식으로 염분이 있는 물을 깨끗한 물로 정수시켜주는 제품이다(그림 3-17). 콘 모양처럼 생겼다고 해서 붙여진 '워터콘'이라 불린다. 독일의 워터콘사에서 고안한 제품으로, 정수하는 방법은 태양열 아주 간단한데 검은색 펜에 바닷물이나 오염된 물을 부은 다음 워터콘을 덮고 기다리기만 하면 태양열이 알아서 소금물을 증류시켜 워터콘의 표면을 따라 증류된 물이 바닥에 모이게 되는 원리이다. (https://www.chemidream.com/1291 [한화솔루션/케미칼 공식블로그])

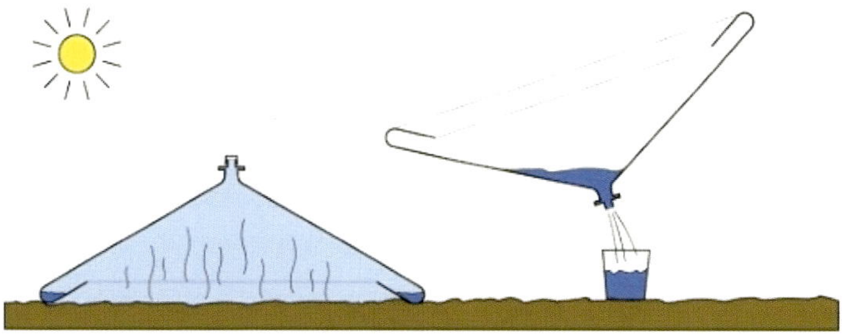

* 출처: www.watercone.com

그림 3-17. 워터콘을 활용한 음용수 생성원리

(2) 라이프 스트로우

라이프 스트로우는 비위생적인 물로 인해 발생하는 수인성 질병으로 고통받는 사람들에게 도움이 되고자 덴마크 선교사인 미켈 베스트가드

* 출처: www.lifestraw.com

그림 3-18. 라이프 스트로우를 활용사례

프란젠이 개발한 제품이다. 라이프 스트로우는 물로 인하여 고통받던 아프리카 특히 수단 사람들에게 생활에 큰 변화를 가져다주었다(그림 3-18). 이질, 장티푸스, 디프테리아, 콜레라를 일으키는 미생물을 걸러내며, 시겔라, 사모넬라, 이코일 등의 박테리아 99.9%를 걸러낸다. 제품 하나로 700리터의 물을 정화할 수 있으며 하루에 물 2리터를 기준으로 약 1년 정도 사용이 가능하다. (energium.kier.re.kr)

(3) 큐드럼

물을 긷는 수고와 시간을 덜어주기 위해 남아프리카 공화국의 피에트 핸드릭스라는 디자이너가 개발한 식수통이 큐드럼(Q-drum)이다(그림 3-19). 원리는 가운데 구멍 뚫린 원통형 식수통에 끈을 끼워 굴려서 운반하는 방식이다. 한 번에 50리터의 물을 운반할 수 있고, 물을 흘리거나, 운반 거리가 멀어도 사용에 어려움이 없는 장점이 있다(www.lgsl.kr).

* 출처: www.qdrum.com

그림 3-19. 큐드럼 활용

(4) 지세이버

우리나라에서 개발된 적정 기술이다. 몽골의 혹독한 겨울 추위는 평균 영하 36도이며, 그 추위가 반년 가까이 계속된다. 게르에서 생활하는 유목민들에게 춥고 힘든 시기이다. 지세이버는 게르 안에 온기를 오래 머물게 하는 방법을 고안해서 만든 축열기이다. 한국의 온돌개념에서 착안한 축열 기능은 몽골의 난로에 부착하여 연료 소모량 40%, 온열 효과는 평소에 2배 이상 지속하는 효과를 가져왔다(그림 3-20).

* 출처: 굳네이버스

그림 3-20. 지세이버 난방

(5) 바이오매스 숯

바이오매스 에너지는 생물체를 구성하는 유기물을 이용하는 에너지를 말한다. 화석연료가 아니며, 이산화탄소 배출량을 최소화할 수 있는 재료로서 목질(사탕수수 숯)계 바이오매스가 활용된다. 석탄, 나무, 동물 배설물 등의 연소로 인한 분진 문제 등으로부터 안전하다. 숯 프레스 기기는 숯을 쉽게 제작하고 제작과정에서 분진이 날리지 않도록 도와주는 역할과 유통

* 출처: m.blog.naver.com

그림 3-21. 숯 프레스기기

과정을 수월하게 도와준다(그림 3-21).

(6) 쏠라쿠커

세계 인구의 42%가 아직도 현대적 에너지를 사용할 수 없는 상태에서 생활한다. 에너지원인 연료가 없는 지역에서는 음식을 만들 땔감을 구하기 위해 수십 킬로미터를 걷고 또 이를 운반하는 어려움에 부닥친다. 이런 문제를 해결해 주는 적정기술이 솔라쿠커로 태양광 조리기이다. 태양광을 이용하기에 환경에도 안전하며, 주변 지역에 산림 보전 및 여성과 아이들에게 주어졌던 땔감을 찾아 나서는 일에서 벗어날 수 있게 해줬다(그림 3-22).

* 출처: m.blog.naver.com

그림 3-22. 숯 프레스기기

(7) 퍼머넷

퍼머넷은 적정기술을 활용한 모기장이다. 살충제를 압착 처리한 섬유를 이용하여 만든 모기장은 세계보건기구에 인증을 받고 특히 말라리라 서식지에 해당하는 국가들인 아프리카,

* 출처: www.chemidream.com

그림 3-23. 퍼머넷을 들고 사진찍은 아이들

동남아 등지에 활용되고 있다(그림 3-23). 2014년 WHO는 퍼머넷으로 아프리카 어린이 생존율이 30% 이상 증가하였다는 발표를 한 바 있다.

2) 공공기술 사업화 사례

공공기술이란 공공재적 성격을 갖는 재화나 서비스를 제공하기 위한 기술로 민간영역이 자연적으로 개발에 나서기는 어렵지만, 국민 생활의 질 향상을 위해 정부가 주도적으로 개발에 투자하는 기술을 가리킨다(그림 3-24). 따라서 이는 정부 R&D 지원금, 즉 세금이 투입된 기술이기에 그 혜택이 공공에 돌아가야 한다는 점을 내포한다. 정부 기관인 창업진흥원, 한국산업기술진흥원이나 지자체 등에서 공공기술 사업화에 지원에 나서고 있다.

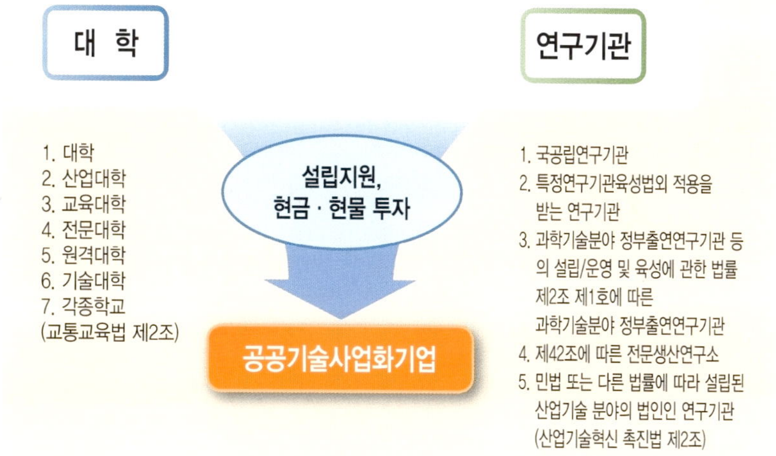

* 출처: 한국산업기술진흥원(2017)

그림 3-24 공공기술 사업화 개요

(1) 주식회사 수젠텍

연구소 기업인 수젠텍은 국내 최초로 디지털 임신 · 배란 테스트기를 개발해 미국 FDA 승인을 받았으며, 기술사업화 혁신모델인 연구소 기업으로선 코스닥에 두 번째로 상장되었다. 생명과학 기업에 근무했던 대표가 한국전자통신연구원에서 '유비쿼터스 바이오칩 리더기 기술'을 이전받아 연구소를 설립했다. 수젠텍의 제품은 알레르기, 자기면역질환, 알츠하이머 치매, 인플루엔자, 결핵, 여성 질환 등 다양한 질병들을 진단하는 제품을 개발 판매하고 있는 공공기술기반 연구소 기업이다(그림 3-25).

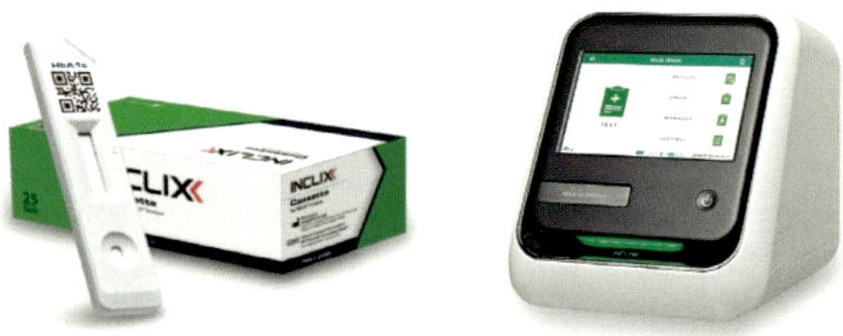

* 출처: sugentech.com(2020)

그림 3-25. 수젠텍의 현장진단 분석기기

(2) 세한에너지(주)

태양열 태양광을 포함한 바이오, 풍력, 지열 등 각종 대체에너지 개발 전문기업인 세한에너지(주)는 한국에너지기술연구원의 '노출 면적 가변형 집열부를 포함하는 태양에너지 시스템'기술을 이전을 받고 태양열 및 태양광 융복합에너지 시스템을 개발하여 기술력을 인정받았다(그림 3-26). 기술수요 공공기술 이전 지원으로 풀지 못한 숙제를 푼 세한에너지는 사업 다각화를 추진하고 있다.

* 출처: www.industrynews.co.kr(2020)

그림 3-26. 태양광 및 태양열 융복합시스템

3) 공공데이터 활용 소셜벤처

공공데이터란 공공기관이 만들어 내는 모든 자료나 정보, 국민 모두의 소통과 협력을 끌어낼 수 있는 공적인 정보를 말하며, 공공기관이란 국가기관, 지방자치단체 및 「지능정보화 기본법」 제2조 제16호에 따른 공공기관을 말한다. 정부는 2013년에 공공데이터 제공 및 이용 활성화에 관한 법률을 제정하고 행정안전부가 총괄하여 공공데이터 활성화 정책을 추진하고 있다.

* 출처: 행정안전부(2020)

그림 3-27. 공공데이터 활용 창업경진대회

한편, 2020년에는 '데이터로 꿈을 디자인하라!'는 표어를 통하여 범정부 공공데이터 활용 창업경진대회를 시행하였는데 주관기관이 정부 중앙부처, 지자체와 정부 재투자기관 등 30곳에 이른다(그림 3-27).

2013년 첫해 공공데이터 활용 창업경진대회 수상팀 중 대상은 국무총리상이었다. 2회 경진대회가 열린 2014년도부터는 대상이 대통령상으로 바뀌었으며, 경진대회 부문은 아이디어 기획과 앱 개발 영역에서 아이디어 기획과 제품 · 서비스 개발로 변경되었다. 표 3-2, 표 3-3에 2013~2020년까지의 공공데이터 활용 창업경진대회 대상 작품들을 소개해 두었다.

표 3-2. 2013-2020 공공데이터 활용 창업경진대회 대상작품

년도	경연부문	팀명(아이템명)	아이템 설명	활용된 공공데이터
2013	아이디어 기획	Beeline (Beeline)	출근길 경로 날씨, 교통상황 자동분석/제공 서비스	날씨정보(기상청), 교통정보(국토교통부) 등
	앱 개발	대디컴퍼니 (테이크웨더)	비, 바람, 눈 등 상세날씨 정보(사진) 제공 서비스	날씨정보 (기상청)
2014	아이디어 기획	CRC(센시오)	스마트폰을 응시하면 걷는 보행자 교통사고 예방서비스	교통사고정보(경찰청), 지도정보(국토교통부, 국립지리원)
2014	제조 · 서비스 개발	㈜레드테이블 (레드테이블)	외래 관광객을 위한 빅데이터 기반 다국어 레스토랑 랭킹 서비스	한국관광공사, 서울시(상권분석정보)
2015	아이디어 기획	파밍(파밍)	영농일지 기록 시 날씨, 병충해, 농약 및 자재 정보를 연통하여 항목별로 표준화된 정보를 제공하는 모바일 앱 서비스	국가농작물 품목별 병충해 도감 정보서비스, 농약 정보, 품질인증현황 등

년도	경연부문	팀명(아이템명)	아이템 설명	활용된 공공데이터
2015	제조·서비스 개발	㈜구니스 (스마트팔레토)	명화, 애니메이션 캐릭터 등을 스마트 폰과 테블릿 PC에서 색칠놀이하는 서비스	국립중앙도서관, 콘텐츠진흥원, 박물관문화재단, 공예디자인문화진흥원
2016	아이디어 기획	닥터게이트 (닥터게이트)	의사에게 진단 및 처방 정보 빅데이터를 분석을 통한 치료방법 제공하는 서비스	진료정보, 의약품정보 (건강보험심사평가원) 등
	제조·서비스 개발	㈜아그트래블 (와그(WAUG) 투어 & 액티비티 (앱/웹))	아시아지역 투어 및 액티비티 프로그램 예약 및 이용 플랫폼	Tour API (한국관광공사)
2017	아이디어 기획	오션플러스 (오션플러스)	항만 현장근로자들을 위한 선박 작업 정보 통합 플랫폼	선박입출항 정보
	제조·서비스 개발	코머신 (기계산업 온라인 플랫폼)	전국 산업단지 내 기계업체 온라인 플랫폼	국가산업단지, 산업동향 및 통계자료
2018	아이디어 기획	나인와트 (Ninewatt) (데이터 분석기반 건물 에너지 절감 AI 플랫폼)	건물 에너지 비용 절감 절감 비용을 재투자 플랫폼	건축물대장(국토부), 건물에너지효율등급 (한국에너지 공단) 등
	제조·서비스 개발	LBStech (G-MOC)	위치기반 인공지능 기술로 시작 장애인 공간 정보 접근 서비스	고령/장애인 배려 설계 지침(산업부)
2019	아이디어 기획	JHK medical science(모세관 바이오 칩 치매 진단 키트)	혈액을 활용하여 치매 발병가능성/진행정도 판별 키트	치매질병 통계, 치매 환자 청구 데이터(심평원) 등
	제조·서비스 개발	㈜에이티 소프트(시각장애인을 위한 민원문서 점자변환 솔루션)	시각 장애인의 정보 접근성 향상을 위한 민원 문서 및 공공데이터를 전자점자로 자동 변환하는 솔루션	공공서식, 공공생활정보 데이터(정부, 지자체, 공공기관)

년도	경연부문	팀명(아이템명)	아이템 설명	활용된 공공데이터
2020	아이디어 기획	쑥쑥 (어린이 식단영양관리 서비스)	영유아 보육시설의 식자재 정보, 식단 알림장 제공 및 식자재 직거래 장터를 운영하는 등 어린이 식단·영양관리 서비스	식품영양성분 DB, 유통바코드, 바코드연계제품정보 Open API (식약처), 보육통계(보건복지부)
	제조·서비스 개발	메디팔 (비대면 만성질환 관리 서비스)	경력단절 간호사와 만성질환자를 1:1연결하여 건강관리 계획, 생활습관 코칭 등 비대면 만성질환 관리 서비스	진료내역 데이터 셋, 만성질환 청구데이터 (건강보험심사평가원)

* 출처: www.Start-upidea.kr/award, 저자편집(2021)

(1) 메디팔

만성질환을 앓고 있는 사람에겐 지속적인 관리가 무엇보다 중요하다. 오랜 기간 질병을 앓게 될 경우 향후 다양한 합병증을 유발할 수 있기에 미리 건강을 챙겨야 한다. 이러한 상황에서 구독형 온라인 개인 간호사 서비스를 준비 중인 스타트업이 있다. 바로 메디팔이 그 주인공이다(그림 3-28). 메디팔은 올해 7월 임팩트 투자사인 소풍벤처스와 MYSC로부터 시드 투자를 유치한 바 있으며, 중소기업벤처부의 예비창업패키지 소셜벤처 전형 및 신용보증기금의 스타트업 지원 프로그램 NEST 소셜벤처 전형에 선정되기도 했다.

* 출처: play.google.com(2021)

그림 3-28. 메디팔의 건강관리 앱

앱 프로그램 및 시스템 개발에 사용된 공공데이터는 진료내역 데이터셋, 만성질환 청구데이터 등이다(www.biotimes.co.kr).

(2) 오션플러스

해운항만물류정보 · 항만운영정보를 활용해 항만 현장근로자에게 하역 작업 일정을 제공하는 알림 서비스인 '오션플러스(Ocean Plus)는 공공데이터인 선박입출항 정보 등을 활용하였으며, 이 서비스는 항만 현장 근로자들이 선박 입출항 일정, 작업 일정, 작업 소요 시간 등을 개별 확인해야 했던 불편함을 해소하고 근로 대기시간 단축 등 근로환경 개선에 기여할 수 있을 것으로 판단되어 2017년 공공데이터 활용 창업 경진대회에서 아이디어 부문 대상(대통령상)을 받았다(그림 3-29) (http://www.safetimes.co.kr).

한편, 해양수산부는 해양수산 공공 · 빅데이터 활용 경진대회를 2013년부터 시행하고 있는데, 해양수산부는 국민이 해양수산 분야의 공공 · 빅데이터를 활용하여 새로운 사업 분야를 발굴하게 할 목적으로 2020년까지 지속해서 시행하고 있다(표 3-3).

* 출처: 해양수산부(2020)

그림 3-29. 해양수산빅데이터 경진대회

표 3-3. 해양수산 공공데이터 활용 경진대회 대상(금상)작품

년도	작품명	아이템 내용
2014	가상현실 프로그램을 활용한 항해/ 기관 안전서비스	해양수산부의 선박안전정보와 3차원 가상현실 기술을 융합하여 안전 관련 시설을 점검하고 선박 내·외부 3D 정보를 활용하여 안전교육을 수행할 수 있는 서비스
2015	U-Smart 안심 낚시 서비스	낚시어선 입출항 절차 개선과 연계하여 해상사고 발생 시 조난자의 의식 여부와 관계없이 낚시이용객과 낚시어선의 위치를 자동으로 제공하는 전용 단말기(Angler) 및 앱 서비스 개발(웨어러블디바이스, 앱, 웹)
2016	안전하고 즐거운 해루질	해양레저로 급부상하는 '해루질'을 즐겁고 안전하게 즐길 수 있도록 해양관측 및 예보정보와 기상정보를 융합하여 해루질 가능 지역선정, 루트 선정, 활동 지원 등 관련 정보를 웹(앱)을 통해 제공
2017	오션 플러스 (Ocean Plus)	항만 현장 근로자가 개별적으로 선박입항스케줄, 작업 일정, 작업 소요 시간 등을 확인하는 불편함을 해소하고 기존에 기업 중심(터미널운영사, 선사, 해운대리점 등)의 해운 분야 공공데이터 활용에서 이제는 항만근로자에게 비용의 절감과 근로의 편의를 가져다주는 알림 서비스
2018	Vacship (Vaccination + ship)	선박정보, 수리정보를 활용하여 정비대상 부품과 수리업체 추천(가격비교) 정보를 선주에게 알려 정비불량으로 인한 선박사고를 예방하고 관련산업(선박수리업 등) 활성화 도모
2019	SO2(황산화물) 모니터링을 통한 Clean 항만구축	차등흡광 분석기 등을 항만 입구에 고정 설치하여 주요 항만도시(부산항)에 입출항하는 선박의 정보를 활용하여 선박에서 배출되는 대기오염물질을 실시간 모니터링하는 아이디어 *해양교통관제정보, GPS 관측 데이터, 선박입출항정보
2020	'SONAR 바다지도'를 통한 손쉬운 수산자원 예측 관리 시스템	어선소나정보를 통합하고 이를 공간, 수온 등 해상기후 정보와 통합 분석하여 연근해 어장 내 수산자원 정보를 파악하고 가시화하여 TAC산정

* 출처: 해양수산부(2020)

2.4 사회적 농업 및 사회적 농장

사회적 경제는 이윤 창출보다 구성원이나 공공에 대한 공헌을 목적으로 하며 경영의 자율성, 민주적 의사결정, 수익분배에 있어서 자본보다는 사람과 노동을 중시하는 원칙을 따르는 협동조합, 상호공제조합, 그리고 민간단체에 의해 수행되는 경제활동으로 정의하고 있다(Defourny, 2006). 사회적 경제 조직은 구조적으로 자율, 민주, 연대, 협력 등의 활동 목표를 가지고, 자발적 참여와 1인 1표 행사 등 민주적 의사결정을 통한 자율 경영을 원칙으로 한다. 또한, 구성원 간 이익 공유, 취약계층 일자리 창출, 지역사회 기여 등의 사회적 가치를 우선 추구한다.

정부 또는 시장의 사각지대의 취약계층이 사회적 가치실현을 위해 공동체를 구성하여 상호 협력하는 모델로서 시장조직과 경쟁하는 동시에 사회문제 해결에 있어 시장과 정부의 실패를 보완하는 제3의 영역으로 기능하고 있다. 우리나라는 2000년 이후 정부의 부처별로 마련된 근거 법령에 따라 사회적기업, 협동조합, 마을기업, 자활기업 등 주요 사회적 경제 기업이 성장해 왔다. 최근에는 농협, 신협, 생협 등 기존의 개별 협동조합과 농 · 어업법인, 사회복지법인 등을 포괄하여 통합적 사회적 경제정책의 추진체계를 구축하기 위하여 법제화를 추진하고 있다(한국사회적기업 진흥원, 2019).

한편, 사회적 농업은 사회적 약자를 포용하는 '사람'중심의 농업을 말한다. 사회적 농업의 목적은 농업 활동을 통하여 장애인 · 고령자 등 사회적 약자를 대상으로 돌봄, 교육, 교육 등의 사회적 서비스를 제공하는데 있다. 사회적 농업의 활용 내용을 살펴보면 발달장애인, 고령자, 범죄 피해 가족, 다문화 가정, 귀농 희망자(청년) 등과 함께 농산물을 생산 · 유통, 직업훈련, 원예치료, 농촌주민과 교류 활동 등을 실시하는 것이다(Socialfarm.go.kr, 2021).

농림축산식품부와 한국농어촌공사는 정부의 사회적 경제 정책과 연계하여 사회적 농업에 대한 인식의 확산은 물론 농촌 지역이 갖는 문제를 해결하며 지역의 안정적 지속가능성을 추구하는 사회적 농장 지원사업을 추진하고 있다. 사회적 농업은 2017년 정부가 국정과제에 포함한 이후 사람들의 관심을 받게 되었으며, 전국 13개 시도 30여 농장이 사회적 농업의 활성화 사업 지원대상으로 선정되어 운영 중이다. 2021년 30개소를 추가 선정하여 현재 기준 전국에 60개소가 운영되고 있다(표 3-5).

한편, 정부는 사회적 경제에 대한 농촌주민들의 인식 제고를 위하여 사회적 농업 교육 지원사업을 시행하고 있다. 사회적 농업은 사회적 경제의 범주에서 농촌사회 경제적 안정을 위한 제안이라는 관점에서 접근되지만, 또 다른 시각에서는 농촌 지역사회가 갖는 다양한 문제를 사회적 농업 공동체를 통하여 해결해 나가는 방안을 모색한다는 차원에서 농촌사회가 갖는 문제를 해결하는 대안적 가치로서의 의미가 있다. 정부는

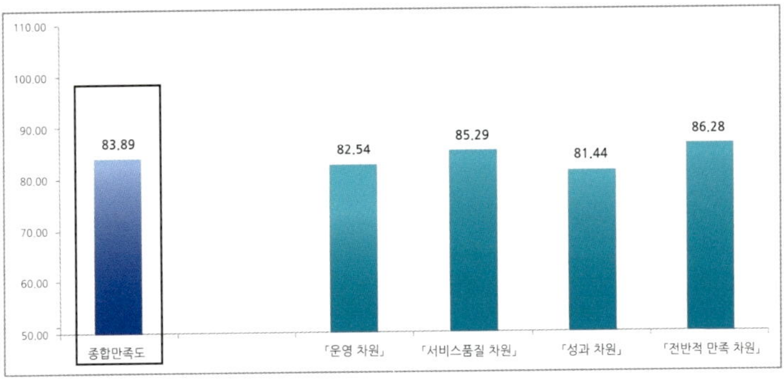

* 출처: 농림축산식품부(2020)

그림 3-30. 사회적 농업 프로그램 종합만족도 조사결과

2020년 사회적 농업사업의 만족도 향상 및 사업 운영 개선방안 도출을 위한 조사를 했는데, 조사 결과를 종합해 볼 때 사회적 농업 프로그램, 조사대상별 종합만족도가 높은 것으로 나타나 사회적 농업 프로그램 참여 희망 농장이 지속해서 늘어날 것으로 판단하고 있다(그림 3-30).

표 3-4. 사회적 농업 운영 농장

년도	사회적 농장 이름	운영프로그램
1	농업회사법인 ㈜ 콩세알	㈜콩세알은 2005년 일벗생산공동체로 시작하여, 사회적 경제실천에 참여하고 있다. 친환경농업 실천과 콩 가공식품을 생산하며 농촌체험과 도농교류를 진행하는 농촌 융복합 사업체이다. www.kong3al.com
2	농업회사법인 성원농장	2013년 새로운 농촌을 만들고 농촌사회에 기여하고자 만들어진 농업회사법인 성원은 충북 보은의 농지에 보은 대추와 일반작물을 재배하며 지속가능한 농촌 공동체를 만들어 가고 있다.
3	농업회사법인 청년마을(주)	농업회사법인 청년마을㈜는 사회 초년생인 청년들이 농촌에서 농사와 배움을 통해 농촌의 새로운 주체로 일어서는 사회적 농업 '청년농촌정착 플랫폼'을 지향하며 삶의 질을 높여 지속 가능한 농촌을 만들어 갑니다.
4	반햇소 영농조합법인	신선한 한돈을 원료로 한 제품의 연구개발과 4無(무색소, 무전분, 무방부제, 무아질산나트륨)의 안전한 먹거리로 100년 기업을 꿈꾸는 반햇소 영농조합법인은 장애인, 청소년, 아동에 대한 돌봄을 실천하고 있습니다.
5	자연과 함께하는 농장	친환경 순환농법을 추구하는 취약계층 돌봄 사회적 농업 www.with-coop.org

* 출처: 한국농어촌공사(2021)

아래 내용은 국가균형발전 종합정보시스템(www.nabis.go.kr)의 로컬 스토리 에디터로 활동하고 있는 서용운이 농촌지역 공동체의 활성화

* 사진출처: 경주 양동마을 향단(2021)

를 추진하는 정부(농림축산 식품부 및 농어촌공사)의 추진사업인 '사회적농업교육지원사업'과 '사회적농장'에 대한 활동 내용을 기사로 작성한 것이다.

〈기사내용〉

농촌에서 농사일로 바쁘게 일하는 시기를 농번기(農繁期) 혹은 번농기라고 한다. 이 시기에 농민들은 밤낮없이 작업에 돌입하게 되는데 그것은 농사를 짓는 작물의 파종, 성장관찰, 수질 및 토양 상태 점검, 병충해 점검, 폭우 및 장마 대비, 농작물의 출하 등 그때를 놓치면 한 해 농사를 망칠 수 있기 때문이다. 그런 농번기에는 마을 회의를 개최하는 것은 공동체와 관련된 급한 일을 제외하고 만남을 청하는 것은 실례가 된다.

그런 농번기임에도 불구하고 6월 17일 오전 9시 이전에 경북 영천시 임고면 문화복지센터 교육장에 농민들이 모여 차를 마시며 담소를 나누고 있었다. 이 분들은 농림축산식품부와 한국농어촌공사가 주최하

사회적농업 교육장(경북 영천시 임고면)

는 '사회적농업교육지원사업'을 통하여 추진되는 사회적 농장 운영에 관심이 있는 지역 농민들이었다. 이틀에 걸쳐 사회적 경제의 이해, 농촌사회 공동체 활성화를 위한 사회적 농업의 필요성, 사회적 농장에 대한 정부의 지원과 추진정책 그리고 운영사례 등에 대한 강의가 이루어졌다. 이 글을 쓰는 나 자신도 사회적 경제와 소셜벤처에 대한 약간의 이해가 있으나 사회적 농업은 생소하기만 했다. 강의는 정보의 전달과 질의 및 응답으로 이루어졌는데, 특히 정부의 사회적 농장 지원정책과 운영사례에 대해서는 농민들의 질문이 많아 강의시간을 훌쩍 넘겨 그 관심도를 느낄 수 있었다.

■ 사회적 경제 그리고 사회적 농업

사회적 경제의 역사적 배경과 조직구조 및 사회적 농업의 출발에 대하여 살펴보자. 사회적 경제는 산업혁명이 본격화된 서유럽에서 시작되었다. 산업혁명은 공장에서 일하는 노동자들의 도시 유입을 급격히 증가시키는 계기를 불러왔으나 이에 따른 주택, 환경, 보건, 교육 등에 대한 사전준비는 있을 수 없었다. 이때, 생산수단의 소유자인 부르주아들은 자본의 재생산을 통한 이윤 극대화 이외는 관심이 없었던 것이 노동자 중심의 사회적 경제를 만들어가는 계기가 되었다. 노동자들에게 사람의 기본적인 욕구인 임금, 교육, 보건 등의 조건들이 제대로 충족되지 않는 사회적 문제를 해결하기 위해 스스로 협동조합이나 상호공제조합과 같은 조직을 만들기 시작하는 계기가 되었다.

이러한 노력은 1901년 프랑스에서 협동조합 및 상호협동조합과 같은 조직 유형을 법적으로 인정받을 수 있게 하였으며 이는 전 유럽으로 확산되었다. 1970년대 들어 유럽의 복지 국가들이 경기침체와 실업 문제를 겪게 되면서, 시장경제와 공공(정부)경제가 해결하지 못했던 사회서비스와 일자리 창출을 담당하기 위한 대안으로 사회적 경제가 다시 대두되었다. 하이에크를 중심으로 하는 경제학자들로부터 출발한 자유주의 경제 운영방식인 신자유주의 (Neoliberalism) 경제정책이 대세를 이루기 시작하는 1980년대 들어서 시민운동이 더욱 활발해짐에 따라 세계 각국에서 사회적 경제가 활성화되기 시작하였으며, 2000년대 들어서면서 세계적 금융위기에 따른 금융자본주의의 한계가 지적되며 다시금 사회적 경제가 주목을 받게 되었고, 결과적으로 EU에서 '사회적 경제에 관한 결의'를 채택함으로써 전 세계적인 위기를 타개하는 새로운 경제, 사회적 모델로 사회적 경제를 공식화하였다(김진수 외, 2017).

한편, 우리나라는 산업화가 본격화되기 시작한 1970년대 전 · 후부터 자생적 사회경제공동체가 발생하고 지역사회 발전에 기여 해왔으나 지역경제에 그리 큰 영향을 미치는 것은 아니었다.

IMF 외환위기에 들어서 국가적 차원에서 사회적 경제의 필요성에 대한 인식이 크게 대두되었다. 사회적 경제는 정부 그리고 시장경제의 한계를 극복하고 사회문제를 해결하고 보완하는 대안으로서 역할을 가지며 등장하였지만, IMF 이후 사회적으로 고용 창출과 경제 안정화라는 목표를 가지고 정부 주도로 급속하게 이루어졌기에 지금에 와서는 조직의 동형화 및 구성원의 고령화의 문제를 극복하지 못하는 한계를 갖기도 하였다. 하지만, 최근 들어 최근 들어 시민들은 사회문제뿐 아니라 자신이 거주하는 지역의 문제해결을 위하여 주민의 자발적 참여(Living Lab)와 의사결정 체계(Governance) 수립을 통하여 공동체 활성화를 추진하고 있다. 또한, 문제해결에 도움을 줄 수 있는 기술(공공기술, 4

차 산업혁명 기술)의 적극적 수용, 공공데이터 및 각종 정보 활용의 용이성은 사회적 경제 활성화에 촉진제 되고 있다. 이러한 사회적 경제 발전을 위한 생태계의 확산은 사회적 가치실현을 통한 선한 영향력(Social Impact) 확산과 기업운영의 혁신성, 기업의 지속 가능 모델 추구 등을 통하여 사회적 경제발전의 새로운 힘이 되고 있다.

정부는 사회적 경제공동체 활성화에 대한 제도적 틀을 만들기 위하여 사회적 경제에 관련된 법들이 제정하였는데 2007년 '사회적기업법'을 제정을 시작으로 사회적 경제공동체에 대한 법적 정의와 공인인증 및 추구하는 가치 등을 명시하고 있다. 사회적 경제공동체 유형은 협동조합(기획재정부), 마을기업(행정안전부) 자활기업 (보건복지부) 및 사회적 기업(고용노동부) 등이다. 아직, 사회적 경제공동체 범주에 포함되지 않지만, 농림축산식품부에서 추진하고 있는 사회적 농업과 그 실천모델인 사회적 농장도 앞으로 그 범주에 포함되어야 할 것이다.

사회적 경제활동 주체

* 출처: 사회적경제진흥원(2017)

한편, 사회적 농업은 사회적 약자를 포용하는 '사람'중심의 농업을 말한다. 사회적 농업의 목적은 농업 활동을 통하여 장애인 · 고령자 등 사회적 약자를 대상으로 돌봄, 교육, 교육 등의 사회적 서비스를 제공하는 데 있다. 구체적으로 표현하자면, 사회적 농업은 발달장애인, 고령자, 범죄 피해 가족, 학교 밖 청소년, 다문화 가정, 귀농 희망자(농촌 창업희망 청년) 등과 함께 농산물을 생산 · 유통, 직업훈련, 원예치료, 농촌주민과 교류 활동 등을 실시(Socialfarm.go.kr, 2021)하는 것에 목적을 두고 있다. 사회적 농업은 2017년 이후 우리나라의 농촌사회에 뿌리내리고 있는 사회적 경제의 한 범주라 판단할 수 있으며, 농촌사회 공동체 활성화에 다양한 역할을 할 수 있을 것으로 기대된다.

■ 사회적 농장 운영현황

농림축산식품부와 한국농어촌공사는 정부의 사회적 경제정책과 연계하여 사회적 농업에 대한 인식의 확산은 물론 농촌 지역이 갖는 문제를 해결하며 지역 경제의 안정적 지속가능성을 추구하는 사회적 농장 지원사업을 추진하고 있다. 사회적 농업은 2017년 정부가 국정과제에 포함한 이후 사람들의 관심을 받게 되었으며, 2020년 전국 13개 시도 30여 농장이 사회적 농업의 활성화 사업 지원대상으로 선정되어 운영되다 2021년 30개소를 추가 선정하여 현재 기준 전국에 60개소가 운영되고 있다. 한편, 사회적 농업은 사회적 경제의 범주에서 농촌사회에 거주하는 사회적 약자에 대한 경제적 안정을 위한 제안이라는 관점에서 접근되었지만, 또 다른 시각에서는 농촌 지역사회가 갖는 다양한 지역 문제를 사회적 농업 공동체를 통하여 해결해 나가는 방안을 모색한다는 차원에서 농촌사회가 갖는 문제해결의 대안적 가치로서의 의미가 있다. 즉, 지역사회가 함께하는 경제공동체 그리고 문화공동체가 복합적으로 작동되는 지역민 모두의 사랑방이 될 수 있는 것이다.

정부는 2020년 사회적 농업사업의 만족도 향상 및 사업 운영 개선방안 도출을 위한 조사를 했다. 조사 결과를 종합해 볼 때 사회적 농업 프로그램추진과 정부 지원에 대한 응답자들의 종합만족도가 높게 나타나 사회적 농업 프로그램추진 성과 확인은 물론 사회적 농장 확산에도 희망적인 결과를 예상할 수 있게 되었다.

농림축산식품부에서는 사회적 농장 운영주체들이 타 부처의 사회적 경제 사업과 연계하여 농촌공동체 기반 돌봄, 장애 학생 진로체험 활동, 지역공동체 활성화 등 사회적 농업 활동 지원 효과가 시너지 낼 수 있도록 적극적인 지원을 계획하고 있다. 즉, 사회적 농업이 농업 · 의료 · 복지 · 교육 등 기존 시스템의 경계를 넘는 혁신 활동으로, 지속해서 변화 · 발전 함으로써 사회적 농장의 확대, 사회서비스 제공기관과의 협업 등을 통해 사회적 약자가 필요로 하는 다양한 욕구를 해소하고 농촌 지역 서비스 전달의 사각지대를 해소에 역점을 두고 있다(농림축산식품부 보도자료). 사회적 농업 프로그램인 사회적 농장 운영기관으로 선정되는 경우 정부는 사회적 농업 활동비, 네트워크 구축비, 시설개선비 등에 대하여 농장당 연 6천만 원(국고 70%, 지방비 30%)씩 최대 5년간 3억 원을 지원을 받게 된다.

〈 '21년 시 · 도별 사회적농장 현황 〉

시도	경기	강원	충북	충남	전북	전남	경북	경남	제주	세종	인천	대전	울산	광주	계
기존	1	2	3	3	6	5	2	2	1	2	1	1	1	–	30
신규	2	3	4	4	4	2	3	3	2	1	1	–	–	1	30
합계	3	5	7	7	10	7	5	5	3	3	2	1	1	1	60

* 출처: 농림축산식품부(2021)

■ 사회적 농장 운영 주체들의 정보교류

농림축산식품부는 사회적 농업 활성화 지원사업 대상인 사회적 농장의 사업의 원활한 운영지원과 네트워크 활성화, 혁신적 아이디어 도출 및 공유 등의 목적으로 전국을 4개 권역으로 묶고 이중 거점농장을 선정하여 신규 사회적 농장 및 기존농장의 운영에 관련된 지원사업을 추진하고 있다.

6월 23일은 영남 및 제주지역 사회적 농장 운영 주체들이 정보교류의 날을 맞이하여 경남 함양군 지곡면 개평마을에 있는 호미랑 사회적농장에 모였다. 이날 모임은 영남 및 제주지역 거점 사회적농장(청송, 해뜨는농장)대표이며, 전국 사회적농장 협회 회장인 윤수경 씨의 주관으로 회의가 이루어졌다. 이날은 고령자, 정신장애인, 귀농청년 등에 대한 돌봄형과 귀촌 청년 교육형 등 4가지 유형으로 각각 구분되는 개별 사회적농장이 정부의 사업지원비를 신청한 범위 내에서 적합하게 집행되는가를 점검하고, 집행방안, 절차 등에 대한 논의가 이어졌다. 또한, 회의 과정에서 개별 사회적농장 운영 경험 이야기도 오고 갔다. 또한, 사회적 농장의 조직운영, 경비지출, 행정지원에 관련된 문제점 해소 방안과 지원사항에 대하여 논의하기 위하여 한국농어촌공사 농어촌자원개발원

(김미영 차장 외 1인)에서 참석하여 현장의 이야기에 귀를 기울이고, 지원방안에 대하여 자세한 설명을 하였다. 모임의 마지막에는 호미랑 농장의 교육 체험과 견학 등의 시간도 주어져 모두가 화기애애한 분위기 속에 교육과 체험의 시간을 가질 수 있었다.

사회적농업 영남 · 제주권역 참석자

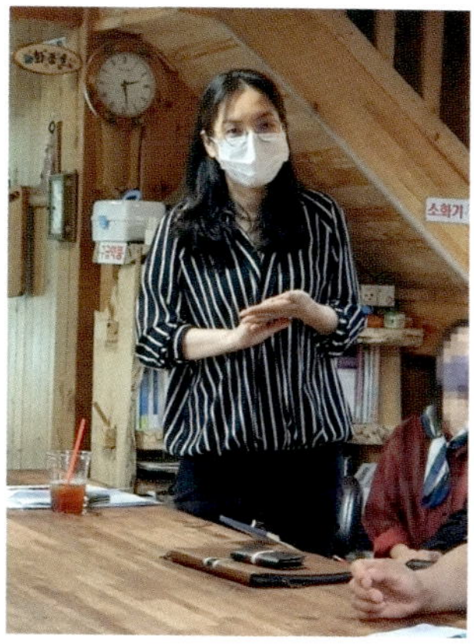

사회적농장 지원사업 설명 중인
(한국농어촌공사 김미영차장)

이날 모임은 12시부터 시작되었는데 사회적농장 호미랑(농업회사법인 ㈜호미랑은 장애인센터 및 노인요양시설과 협력해 성인 발달장애인 및 고령자들과 식용 꽃을 재배하고 요리 활동을 진행하는 농촌교육농장이다)의 도을주 및 이정숙 대표가 제공하는 맛있는 식사(곰탕과 산나물 등)를 함께하며, 친교의 시간을 먼저 가졌다. 식사하며 테이블마다 간단한 자기소개와 인사를 나누며 어색함을 풀어서 그랬는지 회의 시간에는 어색함이 없는 토론의 장으로 바로 넘어갈 수 있었던 기억이 나는데 회의를 원활하게 진행하고자 하는 주체자들의 세심한 마음 씀씀이도 느낄 수 있었다. 그리고 제주지역의 사회적농장 운영자들이 바쁜 농장운영

상황과 시간 · 거리의 한계상 참석하지 못한 점이 아쉬웠지만, 포항, 김해, 거창, 진주 등에서 참석한 사회적 농장 운영관련자들은 질의와 답변 그리고 토론의 시간을 통하여 모두에게 유익한 시간으로 남았으리라 생각된다.

호미랑의 홍보 배너

호미랑 이정숙 대표의 압화 작품

사회적 농장 호미랑에서 개최된 영남 · 제주권역 사회적 농장 회의를 다녀온 이틀 후인 25일 오전 청송에 있는 영남 · 제주권 거점농장이며, 사회적 농장 전국협회 회장인 윤수경 대표 부부가 운영하는 해뜨는 농장(www.facebook.com/cheongsongapple)을 방문하였다. 한국형 사회적 농업 시범농장인 해뜨는 농장은 청년들에게 농촌의 체험을 통하여 농촌정착에 대한 자신의 비전을 가꾸고, 키울 수 있는 환경을 만들며, 청년들과 함께 농사짓는 과정을 통하여 농촌사회에 정착과 관련된 기술 · 사회적 경험을 익힐 수 있는 길을 안내하는 곳이다. 2018년 사회적 농업 시범사업으로 선정되어 4년 동안 해뜨는 농장은 '슬기로운 농장 생활 세분화 프로그램'을 통하여 귀농 청년들의 자립을 위한 실무교육을 제공해 왔다. 또한, 농촌융복합산업(6차산업)이해, 전국 청년 농업자 네트워크 구축 및 확산, 청년 예술가 레지던시(기록, 홍보), 유통 분야의 신설 및 교육 확대, 도시농업, 청년 창업(농업영역) 활동 프로그램을 등 다양한 사업을 운영하고 있다. 그동안 청년교육 프로그램 및 다양한 농촌발전 사업을 운영할 수 있었던 힘은 무엇인지에 대한 질문에 윤수경 대표는 사회적 농업을 운영하고자 하는 사람의 마음 자세를 이야기했다. 사회적 농장 운영은 돌봄, 교육 및 고용이라는 사회적 가치를 기반으로 하며, 사회적 약자의 경제적 안정을 함께 추구함으로써 그 가치의 실현에 다가가고자 하는 의지에서부터 출발 되어야 한다고 말했다. 사회적 경제가 갖는 기본적 사고의 원칙에서 한 치도 벗어남이 없는 말이었다. 대표님을 통하여 사회적 약자와 공동체 발전을 위하여 헌신하겠다는 소명의식을 느낄 수 있었다. 또한, 사회적 농장 운영사업을 보조금만을 바라보고 접근하는 경우가 없어야겠다는 생각을 할 수 있었다. 물론, 그런 마음으로 사회적 농장을 운영하는 분들은 없겠지만, 사회적 농장을 운영하는 분들은 농장의 운영철학에 대한 지속적인 자기검증의 시간이 필요하다는 생각을 하는 계기가 되었다. 그리고 윤수경 대표는 사회적 표현이고 행정 절차상 쓸 수밖에 없겠지만 '사회적 약자'라는 단어를 쓰는 것을 힘들어했다. 그들은 사회적 약자일 수도 있지만, 그냥 우리와 함께 공존하는 이웃이라는 의미를 두는 것이라 마음이 따듯해짐이 느껴지는 시간이었다.

해뜨는농장 윤수경 대표

사회적농업 프로그램 사과상자

▪ 사회적농장 활성화를 위하여 노력하는 사람들(인터뷰)

Q 사회적 농업 활성화를 위한 정부의 정책 방향에 대하여 설명 부탁드립니다.

A 농림축산식품부 관계자 : 농림축산식품부에서 지원하는 사회적 농업 그리고 사회적농장은 큰 틀에서 사회적 경제의 범주 안에 있습니다. 따라서 사회적농장운영 주체들이 타 부처의 사회적 경제 사업과 연계하여 농촌공동체 기반 돌봄, 장애 학생 진로체험 활동, 지역공동체 활성화 등을 추진함으로써 사회적 농업 활동 지원 효과가 시너지 낼 수 있도록 적극적인 지원을 계획하고 있다. 그 가능성을 보다 높이고 사회적 농업이 제도적으로 사회적 경제 범위 안에 포함될 수 있는 법적 근거를 마련하기 위하여 타 부처, 유관기관 및 사회적 농업 관계자 등과 논의할 계획입니다.

Q 사회적 농업 활성화 관련 한국농어촌공사의 역점추진 사항에 대하여 설명 부탁드립니다.

A 한국농어촌공사 농촌자원개발원 김미영 차장 : 한국농어촌공사는 농업 · 농촌의 사회적 경제 영역 확대를 체계적으로 지원하기 위해 한국농어촌공사 농어촌자원개발원내 농업농촌 사회적 경제 지원센터로써 설립 · 운영된 조직입니다. 따라서 농업 활동을 통한 돌봄 · 교육 등 다양한 서비스를 제공하는 농업농촌 사회적 경제조직 지원으로 농촌지역 사회 통합과 사회적 가치 확산에 기여 하는 것에 목적이 있습니다. 특히 농업농촌 사회적 경제조직이 사회적 농업을 통해 사회적 약자의 신체적 · 정신적 건강 증진 및 사회적 역할 수행을 돕고 자립할 수 있도록 매년 주어진 여건 등을 고려하여 농림축산식품부와의 협의를 통해 다양한 계획과 방법으로 운영되고 있습니다. 올해의 역점추진 사항으로는 사회적 경제 및 사회적 농업에 대한 이해도 증진과 사회적 농업 확산을 위한 사회적 농업 교육지원사업이 있고, 지역밀착 맞춤형 사회적 농업 실현을 위한 읍 · 면 · 마을 단위 코디네이터 활동지원사업이 시범사업으로 추진되고 있습니다. 그리고 매년 농업농촌 사회적 경제조직이 전문가를 활용한 조직별 경영애로사항을 해결할 수 있도록 세무 · 회계 · 법무 · 특허 등 서비스이용 비용을 지원하는 농업농촌 사회적 경제조직 전문서비스 지원을 시행하고 있습니다. 또한, 사회적 농업 포럼 등 다양한 행사를 개최하여 사회적 농업 실천(희망)자, 농업인, 사회적 농업 · 사회적 경제 전문가들과의 정보교류의 장을 추진함으로써 사회적 농장운영 주체의 안목을 넓히고자 노력하고 있습니다. 사회적 농장의 유통관련 지원을 위하여 우체국 쇼핑몰과 연계 홍보를 추진하고 있으며, 사회적 박람회 등을 통해 전문MD로부터 컨설팅을 받을 수 있도록 할 예정이며, 마지막으로 한국농어촌공사는 사회적 농업이 성공적으로 운영될 수 있도록 현장의 이야기를 적극적으로 수용하기 위해 노력하고자 합니다.

Q 사회적 농장 거점농장으로서 역할과 경험을 이야기 듣고 싶습니다.

A **청송 해뜨는농장 대표 윤수경** : 영남지역 거점농장으로서 그리고 이번에 사회적 농장 전국협회 회장이 된 것이 기쁜 것보다 먼저 경험한 사람으로서 하나라도 더 알려주고 소통하고 싶다는 생각입니다. 또한, 사회적 농업이 아직 법적으로 사회적 경제 영역에 포함되지 못하고 있는데 협회의 구성도 그것을 실현하기 위한 목적을 포함하고 있습니다. 사회적 농장을 신청하고 운영하는 분들이 갖는 사회적 농업의 '사회적 가치'에 대한 이해를 깊이 하는 기회가 마련되었으면 하는 생각입니다. 그리고 사회적 농장을 운영하는 분들이 겪는 큰 문제가 사회적 농장의 브랜드화를 위한 스토리텔링 작업과 유통 전문성의 부족 등인데, 이를 해결하기 위한 전문가 컨설팅 및 유통채널 확보 등과 관련하여 정부와 지속해서 협의할 계획입니다.

Q 사회농업교육지원사업 운영 소감을 듣고 싶습니다.

A **경북 영천 임고면 문화복지센터장, (주)포은골 이사 김형한** : 농번기에 '사회적농업교육지원사업'을 운영하면서 지역 선·후배들에게 잔소리를 듣기도 했지만, 사회적 농업 관련 정보인 사회적 농장이 지역 공동체 활성화에 도움이 된다는 것을 알아가는 계기가 되었습니다. 개인적으로 영천시 임고면 지역에 사회적 농업의 취지와 그 실천방안, 정부의 지원과 운영 경험 등이 더욱 많이 보급되기를 희망합니다. 이번 1차 교육으로 '사회적농업지원사업'에 관심이 높아졌다는 소문이 났습니다. 2, 3차 교육 때는 지역농민들이 더욱 많이 참석할 것으로 기대되며, 홍보에 더 적극적으로 나설 계획입니다.

■ 사회적농장과 농촌사회 공동체의 활성화를 꿈꾸며 ...

산업혁명 이후 노동자들의 열악한 환경을 개선하기 위해 함께한 사회적 경제공동체(Social Economy Community)가 오랜 시간 유지되어 오고, 지금도 국가 경제의 큰 몫을 담당하며 활성화된 서구 유럽 사회를 이끄는 모습을 보면 상호 간의 신뢰를 기반으로 민주적 공동체를 유지의 힘과 그 역사를 느낄 수 있다. 그 전통은 오늘날의 유럽사회의 사회적 공동체의 모습에 그대로 반영되어 있다.

사회적 경제 공동체는 정부나 시장이 해결하지 못하는 사회문제해결의 한계를 극복하고 경제적 안정과 사회적 가치실현을 추구하는 역할을 하고 있다. 그렇기에 그 조직의 특징은 누가 봐도 참 아름답다. ① 운영상 자주적, 자립적으로 참여하며, 민주적 의사결정 구조가 있다. ② 공동체의 보편적인 이익을 실현하고자 노력하며 ③ 경제에 참여하는 주체들의 협동, 연대 그리고 신뢰를 기반으로 경제적 목표와 사회적 목표를 동시에 추구한다는 점이다. 그 사회적 경제 공통체의 특징은 사회적 농업이라고 다르지 않을 것이다.

그 특징과 더불어 우리나라의 경우 사회적 농업은 서구사회와 다른 우리만의 모습을 찾아가는데 더 큰 역할을 할 것으로 기대한다. 마을의 미풍양속과 도덕적 질서 확립 그리고 각종 재난을 당했을 때 상부상조했던 향약, 농사일 품앗이 마을 공동체인 두레 문화의 복원은 과도한 욕심일까? 경제공동체 및 사회적 약자를 배려하며 사회적 가치를 추구하는 것에 우리나라 농촌사회만이 갖는 정(情)문화의 향연이 21세기 한국 농촌에서 사회적 농업으로 활성화되고 펼쳐져 나가기를 희망한다.

추신: '사회적 경제', '사회적농업'이란 단어를 한때 우리 사회의 사고를 가르던 이데올로기의 파편으로 생각하며 우리의 일상생활에서 금기했던 시대의 단어로 오해하는 분들이 가끔 있다. 난센스다! 그 단어는 가장 민주적이며, 우리의 일상생활에 빨리 정착돼야 할 공동체의 미래를 의미하는 단어로 이해하면 좋겠다. 아니 그렇게 생각하자!

부록

소셜벤처 관련법령

SOCIAL
VENTURE
START-UP

부록 : 소셜벤처 관계법령

1. 경제공동체 관련 법령

우리나라는 사회적 경제공동체 활성화를 위한 제도적 기반을 마련하고자 해당 법령 또는 시행 지침을 마련하여 사회적 경제를 구성하는 공동체가 추구하는 가치, 법적 정의, 공인인증(인증서발급) 및 기타사항에 대하여 명시하고 있다. 사회적 경제공동체 유형은 협동조합(기획재정부), 마을기업(행정안전부), 자활기업(보건복지부) 및 사회적기업(고용노동부), 사회적농장(농림축산부) 등을 들 수 있으며, 이들은 주로 정부의 주도로 운영되는 특징이 있다.

한편, 사회적 경제공동체와 같은 사회적 가치를 추구하고 있으며 지속 가능 모델과 혁신성을 기반으로 사회에 선한 영향(Social Impact)을 미치고자 노력하는 소셜벤처에 대한 법률 및 시행 지침은 마련되지 않았다. 다만, 중소벤처기업부에서 2018년 5월 발표한 '소셜벤처 활성화 방안'으로 2019년 1월 '소셜벤처의 판별기준과 가치평가 모형'을 개발하여 정부, 지자체, 대기업, 임팩(Impact) 투자사, 액셀러레이터 등 소셜벤처 지원기관이 활용할 수 있도록 지원하고 있다. 소셜벤처 관련 법령에서는 개별 법령들이 갖는 추구하는 목적 혹은 가치, 관련 용어의 법적 정의 등에 대하여 정리하였다. 그리고 법령상 중소기업에 포함되는 소셜벤처에 대한 이해를 돕기 위하여 중소기업 중 벤처기업(중소벤처기업부)에 관련된 '벤처기업육성에 관한 특별조치법'내용을 포함하였다. 다만, 법령에 대한 구체적 내용을 확인하고자 하는 경우 부록의 내용 혹은 국가법령정보센터 (www.law.go.kr)에서 상세한 내용을 파악할 수 있다.

2. 소셜벤처 활성화 방안 관련 법령

1) 소셜벤처 판별기준 및 가치평가모형 개발

소셜벤처는 통상적으로 혁신적인 기술이나 아이디어를 통해 사회적 가치를 창출하는 기업으로 인식되며, 일자리 창출은 물론 사회적 문제를 시장 기능을 통한 비즈니스 모델로 해결하는 등 많은 장점이 있다. 그러나 소셜벤처에 대한 이해 부족과 사회적기업과 혼동하는 등 소셜벤처에 대한 명확한 기준이 없어 정책대상으로 구체화하기 위한 판별기준 필요성이 대두되고, 기업가치 평가에 재무적 성과만이 반영되고 계량화가 어려운 사회적 가치는 제외되는 등 실질적 가치가 저평가되어 소셜벤처 활성화에 어려움이 있었다. 이에 따라 중소벤처기업부는 소셜벤처의 개념을 명확히 하고 소셜벤처를 정책대상으로 지원할 수 있도록 민간전문가와 함께 소셜벤처 판별기준과 가치평가모형을 마련하였다.

판별기준은 소셜벤처로서 가져야 할 사회성과 혁신 성장성을 보유하고 있는지 확인할 수 있도록 설계하였고, 소셜벤처 범위를 넓게 포괄하기 위해 혼합형(체크리스트와 점수)으로 구성하였다. 가치평가모형은 소셜벤처의 사회적 · 경제적 가치에 대한 올바른 평가를 위해 사회적 가치의 지향성 및 미션, 창출 역량 등과 기술(서비스)의 혁신성, 성장성이 종합적으로 고려되도록 설계하였다.

개발된 판별기준과 가치평가모형은 정부, 지자체, 대기업, 임팩 투자사, 액셀러레이터 등 소셜벤처 지원기관이 활용할 수 있도록 배포 · 공유할 예정이며, 소셜벤처 지원기관이 기관별 특성 및 지원 취지에 맞게 필요한 만큼 수정 · 보완해 활용할 수 있도록 범용으로 개발하였다(중소벤처기업부, 기술보증기금, 2019).

2) 벤처기업육성에 관한 특별조치법(약칭 벤처기업법)

중소벤처기업부에서는 벤처기업육성에 대한 특별조치법을 2020년 12월 29일 개정 시행하였는데 이는 기존기업의 벤처기업으로의 전환과 벤처기업의 창업을 촉진하여 우리 산업 구조 조정을 원활히 하고 경쟁력을 높이는 것에 목적이 있다.

"벤처기업 육성에 관한 특별조치법" 중 용어의 정의와 벤처기업의 요건을 알아보고 전체 내용은 국가법령센터를 통하여 확인하기를 희망한다.

① "벤처기업"이란 제2조의2(벤처기업의 요건)의 요건을 갖춘 기업을 말한다.

② "투자"란 주식회사가 발행한 주식, 무담보전환사채 또는 무담보신주 인수권부 사채를 인수하거나, 유한회사의 출자를 인수하는 것을 말한다.

④ "벤처기업집적시설"이란 벤처기업 및 대통령령으로 정하는 지원시설을 집중적으로 입주하게 함으로써 벤처기업의 영업활동을 활성화하기 위하여 제18조에 따라 지정된 건축물을 말한다.

⑤ "실험실공장"이란 벤처기업의 창업을 촉진하기 위하여 대학이나 연구기관이 보유하고 있는 연구시설에 「산업집적활성화 및 공장설립에 관한 법률」 제28조에 따른 도시형 공장에 해당하는 업종의 생산시설을 갖춘 사업장을 말한다.

⑥ "벤처기업육성촉진지구"란 벤처기업의 밀집도가 다른 지역보다

높은 지역으로 집단화 · 협업화(協業化)를 통한 벤처기업의 영업활동을 활성화하기 위하여 제18조의4에 따라 지정된 지역을 말한다.

⑦ "전략적제휴"란 벤처기업이 생산성 향상과 경쟁력 강화 등을 목적으로 기술 · 시설 · 정보 · 인력 또는 자본 등의 분야에서 다른 기업의 주주 또는 다른 벤처기업과 협력관계를 형성하는 것을 말한다.

⑧ "신기술창업전문회사"란 대학이나 연구기관이 보유하고 있는 기술의 사업화와 이를 통한 창업 촉진을 주된 업무로 하는 회사로서 제11조의2에 따라 등록된 회사를 말한다.

⑨ "신기술창업집적지역"이란 대학이나 연구기관이 보유하고 있는 교지나 부지로서 「중소기업창업 지원법」 제2조제2호에 따른 창업자(이하 "창업자"라 한다)와 벤처기업 등에 사업화 공간을 제공하기 위하여 제17조의2에 따라 지정된 지역을 말한다.

제2조의2(벤처기업의 요건)

① 벤처기업은 다음 각 호의 요건을 갖추어야 한다.

1. 「중소기업기본법」 제2조에 따른 중소기업(이하 "중소기업"이라 한다.)일 것
2. 다음 각 목의 어느 하나에 해당할 것
   가. 다음 각각의 어느 하나에 해당하는 자의 투자금액의 합계(이하 이 목에서 "투자금액의 합계"라 한다) 및 기업의 자본금 중 투자금액의 합계가 차지하는 비율이 각각 대통령령으로 정하는 기준 이상인 기업
      (1) 「벤처투자 촉진에 관한 법률」 제2조제10호에 따른 중소기업창업투자회사 (이하 "중소기업창업투자회사"라 한다)

(2) 「벤처투자 촉진에 관한 법률」 제2조제11호에 따른 벤처투자조합 (이하"벤처투자조합"이라 한다)

(3) 「여신전문금융업법」에 따른 신기술사업금융업자 (이하 "신기술사업금융업자"라 한다)

(4) 「여신전문금융업법」에 따른 신기술사업투자조합(이하 "신기술사업투자조합"이라 한다)

(5) 삭제〈2020. 2. 11.〉

(6) 「벤처투자 촉진에 관한 법률」 제66조에 따른 한국벤처투자

(7) 중소기업에 대한 기술평가 및 투자를 하는 자로서 대통령령으로 정하는 자

(8) 투자실적, 경력, 자격요건 등 대통령령으로 정하는 기준을 충족하는 개인

나. 다음의 어느 하나를 보유한 기업의 연간 연구개발비와 연간 총매출액에 대한 연구개발비의 합계가 차지하는 비율이 각각 대통령령으로 정하는 기준 이상이고, 제25조의3제1항에 따라 지정받은 벤처기업확인기관(이하 "벤처기업확인기관"이라 한다)으로부터 성장성이 우수한 것으로 평가받은 기업. 다만, 연간 총매출액에 대한 연구개발비의 합계가 차지하는 비율에 관한 기준은 창업 후 3년이 지나지 아니한 기업에 대하여는 적용하지 아니 한다.

1) 「기초연구진흥 및 기술개발지원에 관한 법률」 제14조의2제1항에 따라 인정받은 기업부설연구소 또는 연구개발전담부서

2) 「문화산업진흥 기본법」 제17조의3제1항에 따라 인정받은 기업부설창작연구소 또는 기업창작전담부서다. 벤처기업확인기관

으로부터 기술의 혁신성과 사업의 성장성이 우수한 것으로 평가받은 기업(창업 중인 기업을 포함한다)

② 제1항제2호 나목 및 다목에 따른 평가 기준과 평가방법 등에 관하여 필요한 사항은 대통령령으로 정한다.

* 국가법령정보센터(www.law.go.kr) 벤처기업육성에 관한 특별법

3. 사회적 경제공동체 관련 법령

1) 협동조합 기본법(기획재정부)

협동조합 기본법은 제1장 총칙, 제1조(목적)에서 이 법은 협동조합의 설립 · 운영 등에 관한 기본적인 사항을 규정함으로써 자주적 · 자립적 · 자치적인 협동조합 활동을 촉진하고, 사회통합과 국민경제의 균형 있는 발전에 기여를 목적으로 한다고 명시되어있다. 따라서 협동조합 기본법이 추구하는 가치는 협동조합의 활동 촉진과 사회통합과 국민경제의 균형 있는 발전에 기여로 정리할 수 있다. 협동조합 기본법에서 정의하는 용어의 정의를 살펴보자.

- 협동조합 : "협동조합"이란 재화 또는 용역의 구매 · 생산 · 판매 · 제공 등을 협동으로 영위함으로써 조합원의 권익을 향상하고 지역사회에 공헌하고자 하는 사업조직을 말한다.
- 협동조합연합회 : "협동조합연합회"란 협동조합의 공동이익을 도모하기 위하여 제1호에 따라 설립된 협동조합의 연합회를 말한다.

- 사회적협동조합 : "사회적협동조합"이란 제1호의 협동조합 중 지역주민들의 권익 · 복리 증진과 관련된 사업을 수행하거나 취약계층에게 사회서비스 또는 일자리를 제공하는 등 영리를 목적으로 하지 아니하는 협동조합을 말한다.
- 사회적협동조합연합회 : "사회적협동조합연합회"란 사회적협동조합의 공동이익을 도모하기 위하여 제3호에 따라 설립된 사회적협동조합의 연합회를 말한다.

협동조합의 법인격은 협동조합 및 협동조합연합회(이하 협동조합등)는 법인이며, 사회적협동조합 및 사회적협동조합연합회(이하 사회적협동조합등)는 비영리법인으로 하고 있다. 이들 조직은 협동조합 등 및 사회적협동조합 등이 구성원(협동조합의 경우 조합원을, 연합회의 경우 회원을 말한다. 이하 "조합원 등"이라 한다)의 복리 증진과 상부상조를 목적으로 하며, 조합원 등의 경제적 · 사회적 · 문화적 수요에 부응하여야 해야 하는 의무를 갖는다. 또한, 조합의 활동 기본원칙은 아래 내용과 같다.

① 협동조합 등 및 사회적협동조합 등은 그 업무 수행 시 조합원 등을 위하여 최대한 봉사하여야 한다.
② 협동조합 등 및 사회적협동조합 등은 자발적으로 결성하여 공동으로 소유하고 민주적으로 운영되어야 한다.
③ 협동조합 등 및 사회적협동조합등은 투기를 목적으로 하는 행위와 일부 조합원 등의 이익만을 목적으로 하는 업무와 사업을 하여서는 아니 된다. 등으로 명시하고 있다.

* 국가법령정보센터(www.law.go.kr) 협동조합기본법

2) 마을기업 관련법(행정안전부)

마을기업에 관련된 법령은 따로 없지만, 행정안전부는 「마을기업 육성사업」업무에 관하여 적용하기 위하여 2020년 1월 '마을기업 육성사업 시행 지침'을 마련하여 시행하고 있다. 시행 지침에는 마을기업과 육성사업의 이해, 마을기업 관리 기관의 역할 및 평가 등의 내용이 포함되어 있으며, 그 내용을 살펴보면 아래 표3-1과 같다.

표 3-1. 마을기업 육성사업 시행지침

제 목	내 용
마을기업과 육성사업의 이해	1. 마을기업의 정의와 유형 2. 마을기업 운영원칙과 요건 3. 마을기업 육성사업의 이해 4. 주요 지원정책 5. 마을기업 교육 6. 마을기업 신청 절차 및 심사기준
마을기업의 관리	1. 마을기업 지정, 약정 체결 및 변경 2. 사업비 지원, 집행 및 정산 3. 사업비 회계 처리 기준 4. 사업비 지원에 따른 마을기업 의무 5. 통계관리, 실태조사 및 지도점검 6. 약정 해지 및 지정취소 7. 사업비로 구입 한 물품의 관리 · 처리
기관별 역할 및 평가	1. 행정안전부의 역할 2. 지방자치단체의 역할 3. 마을기업 지원기관의 선정 및 역할- 4. 사업성과 평가

* 출처: 마을기업 관련 법, 저자편집(2021)

(1) 마을기업의 이해

① 마을기업의 정의

행정안전부의 마을기업 육성사업 지침에 근거한 마을기업 정의는 지역주민이 각종 지역자원을 활용한 수익사업을 통해 공동의 지역 문제를 해결하고, 소득 및 일자리를 창출하여 지역공동체 이익을 효과적으로 실현하기 위해 설립 · 운영하는 마을 단위의 기업으로 정의되며, 지역주민, 지역자원, 지역 문제, 지역공동체 이익 마을 등의 용어에 대한 정의는 아래와 같다.

- 지역주민 : 동일한 생활권에서 공동의 목표와 가치를 가지고 실제 상호교류하는 공동체의 구성원
- 지역자원 : 지역에 존재하는 유 · 무형의 인적 · 물적 자원
- 지역문제 : 지역 내 충족되지 않은 필요(요구) 사항이나, 지역 주민 삶의 질 향상을 위해 필요한 사항
- 지역공동체 이익 : 마을기업의 이익뿐만 아니라 이해관계자 또는 지역사회 전체가 얻게 되는 편익의 총합
- 마을 : 지리적으로 타지역과 구분되거나 일상적 생활을 공유하는 범위 내에서 상호 관계나 정서적 공감대가 형성되어 있는 곳

* 행정안전부 (www.mois.go.kr) 마을기업육성사업 지침

3) 자활기업 관련 법(보건복지부, 국민기초생활 보장법)

국민기초생활 보장법(약칭 : 기초생활 보장법)은 생활이 어려운 사람

에게 필요한 급여를 지급하여 이들의 최저생활을 보장하고 자활을 돕는 것을 목적으로 시행되고 있다. 이 법에서 사용되는 용어의 뜻은 다음과 같다.

1. “수급권자”란 이 법에 따른 급여를 받을 수 있는 자격을 가진 사람을 말함.
2. “수급자”란 이 법에 따른 급여를 받는 사람을 말한다.
3. “수급품”이란 이 법에 따라 수급자에게 지급하거나 대여하는 금전 또는 물품
4. “보장기관”이란 이 법에 따른 급여를 실시하는 국가 또는 지방자치단체
5. “부양의무자”란 수급권자를 부양할 책임이 있는 사람으로서 수급권자의 1촌의 직계혈족 및 그 배우자를 말한다. 다만, 사망한 1촌의 직계혈족의 배우자는 제외한다.
6. “최저보장수준”이란 국민의 소득 · 지출 수준과 수급권자의 가구 유형 등 생활실태, 물가상승률 등을 고려하여 제6조에 따라 급여의 종류별로 공표하는 금액이나 보장수준을 말한다.
7. “최저생계비”란 국민이 건강하고 문화적인 생활을 유지하기 위하여 필요한 최소한의 비용으로서 제20조의2제4항에 따라 보건복지부장관이 계측하는 금액을 말한다.
8. “개별가구”란 이 법에 따른 급여를 받거나 이 법에 따른 자격요건에 부합하는지에 관한 조사를 받는 기본단위로서 수급자 또는 수급권자로 구성된 가구를 말한다. 이 경우 개별가구의 범위 등 구체적인 사항은 대통령령으로 정한다.

9. “소득인정액”이란 보장기관이 급여의 결정 및 실시 등에 사용하기 위하여 산출한 개별가구의 소득평가액과 재산의 소득환산액을 합산한 금액을 말한다.
10. “차상위계층”이란 수급권자(제14조의2에 따라 수급권자로 보는 사람은 제외한다)에 해당하지 아니하는 계층으로서 소득인정액이 대통령령으로 정하는 기준 이하인 계층을 말한다.
11. “기준 중위소득”이란 보건복지부장관이 급여의 기준 등에 활용하기 위하여 제20조제2항에 따른 중앙생활보장위원회의 심의 · 의결을 거쳐 고시하는 국민 가구소득의 중위값을 말한다.

* 국가법령정보센터(www.law.go.kr) 국민생활 기초보장법

4) 사회적기업 육성법(고용노동부, 약칭: 사회적기업법)

사회적기업 육성법의 사회적기업의 설립 · 운영을 지원하고 사회적기업을 육성하여 우리 사회에서 충분하게 공급되지 못하는 사회서비스를 확충하고 새로운 일자리를 창출함으로써 사회통합과 국민의 삶의 질 향상에 이바지함을 목적으로 한다고 명시되어 있다. 또한 사회적기업 육성법에 정의된 사회적기업, 취약계층, 사회적 서비스, 연계기업 및 연계지방자치단체 등에 대한 용어의 정의는 다음과 같다.

1. “사회적기업”이란 취약계층에게 사회서비스 또는 일자리를 제공하거나 지역사회에 공헌함으로써 지역주민의 삶의 질을 높이는 등의 사회적 목적을 추구하면서 재화 및 서비스의 생산 · 판매 등 영

업활동을 하는 기업으로서 제7조에 따라 인증받은 자를 말한다.

2. "취약계층"이란 자신에게 필요한 사회서비스를 시장가격으로 구매하는 데에 어려움이 있거나 노동시장의 통상적인 조건에서 취업이 특히 곤란한 계층을 말하며, 그 구체적인 기준은 대통령령으로 정한다.
3. "사회서비스"란 교육, 보건, 사회복지, 환경 및 문화 분야의 서비스, 그 밖에 이에 준하는 서비스로서 대통령령으로 정하는 분야의 서비스를 말한다.
4. "연계기업"이란 특정한 사회적기업에 대하여 재정 지원, 경영 자문 등 다양한 지원을 하는 기업으로서 그 사회적기업과 인적 · 물적 · 법적으로 독립되어 있는 자를 말한다.
5. "연계지방자치단체"란 지역주민을 위한 사회서비스 확충 및 일자리 창출을 위하여 특정한 사회적기업을 행정적 · 재정적으로 지원하는 지방자치단체를 말한다.

소셜벤처, 사회적기업의 인증 요건 및 인증절차, 사회적기업으로 인증되었을 경우 지원에 사항은 법으로 명시되어있으며 그 내용은 국가법령정보센터에서 확인한다.

* 국가법령정보센터(www.law.go.kr) 사회적기업 육성법

- 강민정 (2012). “사회적 벤처와 사회적 영향투자 활성화 정책”, 한국경영학회지, 16(2), 263~282.
- 강민정 (2015). “사회적 경제 전망과 가능성”, 에딧더월드.
- 강민정a, 김수현, 김창엽, 남영숙, 배영, 설동훈, 심성보, 윤순진, 이동연, 한준 (2015). “소셜이슈 분석과 기회탐색 I”, 에딧더월드/MYSC.
- 강민정b, 김수현, 김창엽, 남영숙, 배영, 설동훈, 심성보, 윤순진, 이동연, 한준 (2015). “소셜이슈 분석과 기회탐색 II”, 에딧더월드/MYSC.
- 강성구 역, Elkington & Hartgan(2008). “비이성적인 사람들의 힘” 에이지21.
- C. 라이트 밀즈 (지은이) ,강희경,이해찬 (옮긴이) (2004). “사회학적 상상력”, 돌베개.
- 경기연구원 (2018). “사회혁신의 새로운기반 제4섹터”.
- 고용노동부 (2012). “사회적기업 육성법 (약칭: 사회적기업법)”.
- 공공데이터포털 (2021). 국가데이터맵. https://www.data.go.kr/tcs/opd/ndm/view.do.
- 기획재정부 (2016). “협동조합 기본법”.

- 김정태 (2012). “국제개발협력 분야에서 적정기술의 의미와 활용 및 사례연구”, 국제개발협력, 2012(4), 63-85.
- 김진경, 남호정 (2015). “서비스디자인에서 더블다이아몬드 모델에 의한 기업의 CSV활동 사례", 상품문화디자인연구, 42, 203-212.
- 김진수, 이창영, 김재호, 서경준, 박재홍 (2017). “Social Venture, 소셜벤처 창업하기”, 도서출판 청람.
- 김창완, 김화경, 이용우 (2020). “액션러닝과 디자인씽킹으로 캡스톤 디자인 수업하기”, 계명대학교 출판부.
- 김효주, 엄우용 (2014). “대학 교원의 수업 개선을 위한 액션러닝 적용사례”, 한국교육공학회지, 30(4), 839-880.
- 남미옥 (2014). “노동통합사회적기업의 지속가능성”, 사회적기업 정책연구, 3(2), 71-102.
- 박민진, 김태영 (2019). “소셜벤처의 사회혁신역할 분석”, 사회적기업연구, 11(3), 3 - 30.
- 박상혁, 설병문, 박기호 (2014), “액션러닝을 이용한 중소기업 학습조직 구축에 대한 사례 연구”, 한국벤처창업학회, 10(6), 99-106.
- 박상혁, 오승희, 박정선, 이명관(2016), “혁신을 위한 디자인씽킹과 액션러닝의 통합모형”, 한국벤처창업학회. 11(2), 88-100.
- 박수홍, 안영식, 정주영 (2010). “체계적 액션러닝”, 학지사.
- 박재환, 전혜진 (2014). “사회적기업가를 위한 디자인 접근법”, SK SE Center.
- 보건복지부 (2020), “국민기초생활 보장법 (약칭: 기초생활보장법)”.
- 배귀희 (2011), “사회적 기업가정신 개념 구성에 관한 연구 : 구조방

정식 모형을 중심으로", 한국정책과학학회보, 15(2), 199-227.

- 배종태, 라준영 (2013). "제3세대 기업가정신과 소셜벤처 육성 전략", 한국산업기술진흥회, 기술과혁신 Special Report 04.
- 산업일보. (2017). 공공기술 기반 사업화로 미래 신시장 · 일자리 창출, 2017-01-24 20:22:29, http://www.kidd.co.kr/news/189661
- 성지미, 황준욱, 안주엽 (2014). "소셜벤처지원을 통한 사회적기업 활성화 방안".
- 송위진 (2013). "사회 · 기술시스템론과 과학기술혁신정책", 기술혁신학회지, 16(1), 156-175.
- 송위진, 장영배(2009). "사회적 혁신과 기술집약적 사회적기업", 기술혁신연구, 17, 191-215.
- 새로운 사회를 여는 연구원 (2009). "신자유주의 이후의 한국경제".
- 새로운 사회를 여는 연구원 (2013). "사회적 경제의 본질은 민주주의".
- 안지훈 (2019). "소셜벤처와 사회적 가치", 정독.
- 양창훈a (2006). "지식집약적 조직의 혁신수용에 대한 이론적 논의: 산업혁신체제론 (Sectoral Innovation System)의 기술융합 사례를 중심으로". 한국조직학회보, 3(2), 103-122.
- 양창훈b (2006). "기술융합 패러다임에 대한 이론적 논의". Science & Technology Policy, 16(2), 26-35.
- 이령, 최미경 (2011). "한국형 더블다이아몬드 디자인 프로세스 연구", 한국디자인문화회지, 17(2), 411-423.
- 이재화, 김병근 (2016). "한국 지식집약서비스업의 기술혁신성과 영향요인분석", 서비스경영학회지, 17(3), 267-290.

- 이용탁 (2009). "사회적기업가정신에 관한 이론적 고찰", 사회적기업연구 , 2(2): 5-28.
- 윌스너스 (2018), O社 '핵심인재를 위한 Hi-PO Action Learning Program', http://www.willsnus.co.kr/?module=Board&action=SiteBoard&sMode=VIEW_FORM&iBrdNo=6&iBrdContNo=23&sBrdContRe=0&sSearchField=&sSearchValue=&CurrentPage=1
- 장경원, 박수정 (2011). "액션러닝을 활용한 체험학습 프로그램 사례연구". 한국열린교육학회, 19(2), 99 - 120.
- 장영배, 송위진, 성지은 (2009). "사회적혁신과 기술집약적 사회적기업", 과학기술 정책연구원.
- 장원봉 (2008). "새로운 고용전략으로서 사회적 경제". 보건복지포럼, 2008(10), 55-63.
- 주성수 (2017). "한국시민사회 30년(1987-2017)의 시민참여와 민주주의", 시민사회와 NGO, 15(1), 5-38.
- 중소벤처기업부, 기술보증기금 (2019). "소셜벤처 판별기준 및 가치평가모형 안내서".
- 중소벤처기업부 (2020). "벤처기업육성에 관한 특별조치법(약칭: 벤처기업법)".
- 중소기업청 (2014). "선순환 소셜벤처 육성방안 연구".
- 최용석, 백보현 (2019). "사회적혁신기반 소셜벤처 생태계 활성화 전략", 벤처창업연구, 15(3), 1-17.
- 한국사회적기업 진흥원 (2017). "새로운 세상을 만드는 평범한 사람들의 특별한 이야기; 소셜벤처 우수사례집".

• 한국사회적기업 진흥원 (2019). “한국의 사회적 경제”.
• 행정안전부 (2020). “마을기업 육성사업지침”.
• Brooks, A.C. (2009). “사회적기업을 디자인하라: 사회적기업가 입문서”, 함께 일하는 재단.
• IDEO.org (2014). HCD 인간중심 디자인 툴킷, 디자인진흥원.
• IMPACT ON (임팩트온) (2020). “소셜벤처의 지원현황과 사례”.
• KB금융지주경영연구소 (2019). “착한 스타트업‘소셜벤처’생태계와 지원현황”.
• KOTRA (2018). “포용적성장 해외 사회적기업 성공사례”.
• KOTRA (2020). “해외 사회적 경제기업 성공사례”.
• Bornstein, D. (2007). “How to Change the World”, Oxford University Press.
• Christensen, M. C., Raynor, M. E., & McDonald, R. (2015). “What is disruptive innovation”, Harvard Business Review, 93(12), 44–53.
• Cgblend (2011). “iPhone User Interface Design, Paper Prototype study”, https://youtu.be/V8LNDqMIapY.
• Dart (2004). “The Legitimacy of Social Enterprise”, Nonprofit Management & Leadership, 14(4): 411–424.
• Davister, C., Defourny, J., & Grégoire, O. (2004). “Work integration social enterprises in the European Union: an overview of existing models”, Revue Internationale de l’Économie Sociale: Recma, 293, 24–50.
• Defourny, J. & Nyssens, M.(2013), “Social Innovation,

Social Economy and Social Enterprise: What Can the European Debate Tell Us", In Moulaert, F.,MacCallum, D., Mehmood, A. and Hamdouch, A.(Eds.), The International Handbook on Social Innovation: Collective Action, Social Learning and Transdisciplinary Research, Cheltenham: Edward Elgar, pp. 40–52.

- Dees, J. G. (1998). "The Meaning of Entrepreneurship", Working paper, Kauffman Center for Entrepreneurial Leadership.
- Design Council (2013), "Design for Public Good"
- Edwards-Schachter, M. E., Matti, C., & Alcántara, E.(2012), "Fostering quality of life through social innovation: A living lab methodology study case", Review of policy research, 29(6), 672–692.
- Giddens, A. (2013), "The third way : the renewal of social democracy", Printed in Great Britain by T.J. international, Padstow, Coornwall.
- Geels, F. W. (2004). "From sectoral systems of innovation to socio-technical systems: Insights about dynamics and change from sociology and institutional theory", Research policy, 33(6–7), 897–920.
- Guclu, A., Dees, J. G., & Anderson, B. B. (2002). "The process of social entrepreneurship: Creating opportunities worthy of serious pursuit", Center for the advancement

of Social Entrepreneurship, 1, 1–15.

- Haxeltine A., J rgensen, M. S., Pel, B., Dumitru, A.,Avelino, F., Bauler, T., Lema Blanco, I., Chilvers, J.,Cipolla, C., Dorland, J., Elle, M., Garido, S., Kemp, R., Kunze, I., Longhurst, N., Pataki, G., Rach, S.,Renema, J., Ruijsink, S., Strasser, T., Tawakol, D.,Weaver, P., & Wittmayer J. M.(2016b),"On the agency and dynamics of transformative social innovation", TRANSIT working paper #7, TRANSIT: EU SSH.2013.3.2-1 Grant agreement no: 613169.
- Howaldt, J., & Schwarz, M. (2010). "Social Innovation: Concepts, research fields and international trends", Sozialforschungsstelle Dortmund.
- Ieromonachou, P., Potter, S., & Enoch, M. (2004). "Adapting Strategic Niche Management for evaluating radical transport policies : the case of the Durham Road Access Charging Scheme", International Journal of Transport Management, 2(2), 75–87.
- Kania, J., & Impact, M. K. C. (2011). "Stanford social innovation review".
- Marquardt, M., & Waddil, D. (2004). "The power of learning in action learning: a conceptual analysis of how the five schools of adult learning theories are incorporated within the practice of action learning", Taylor & Francis

Online.

• Maurya, A. (2015). https://www.linkedin.com/pulse/why-lean-canvas-vs-business-model-ash-maurya
• Peredo, A. M. & McLean, M. (2006). "Social Entrepreneurship: A Critical Review of the Concept", Journal of World Business. 41:56-65.
• Pestoff, V. (1998). "Beyond the Market and State: Social Enterprise and Civil Democracy in a Welfare State", Brookfield: Ashgate
• Sharfman, M.(1996), "The Construct Validity of the Kinder, Lydenberg & Domini Social Performance Ratings Data," Journal of Business Ethics, 15, 287-296.
• Thalhuber, J. (1998). "How Nonprofit and For-profit entrepreneurs differ".
• UNESCO. "UNESCO and Sustainable Development Goals", https://en.unesco.org/sustainabledevelopmentgoals
• Young Foundation (2010), "Study on Social Innovation". European Union.

김창완

[학력] 서울대학교 미생물학(학사, 석사)

성균관대학교 기술경영학(박사)

[경력] 현) 계명대학교 글로벌창업대학원 벤처창업학과 교수

현) 계명대학교 창업지원단 단장, 창업보육센터장,

계명시민교육원 창업대학장, 달서구중장년기술창업지원센터장

현) 대구 청년 소셜벤처 육성 총괄협의회 위원

현) LH소셜벤처 평가위원

[주요저서 및 논문]

대학생들을 위한 기업가정신의 이해

액션러닝과 디자인씽킹으로 캡스톤디자인 수업하기

서용운

[학력] 성균관대학교 측량 및 지형공간 정보학(박사)

계명대학교 글로벌창업대학원 창업학(석사)

[경력] 현) Asian Square 창업 및 도시재생 센터, 센터장

현) 2021년 한국산업기술평가관리원 로컬컨텐츠 큐레이터

전) 포항대학교 교수, 창업보육센터장

[주요저서 및 논문]

창업가의 협상성향이 기업가정신과 기업성과에 미치는 영향

박영자

[학력] 성균관대학교 영어영문학(학사)

계명대학교 글로벌창업대학원 창업학(석사)

[경력] 현) Asian Square 창의혁신 센터, 센터장

현) (사)한국청소년문화연합 포항지부장

전) 국민생활체육 포항시럭비연합회 회장

전) 2020 한국산업기술평가관리원 로컬스토리 에디터